KB093236

미사일록美槎日錄

미사일록美槎日錄

2023년 1월 7일 초판 1쇄 인쇄
2023년 1월 17일 초판 1쇄 발행

옮긴이·김철웅 | 발행처·국외소재문화재재단 | 소장처·단국대학교 석주선기념박물관
펴낸이·국외소재문화재재단 | 펴낸곳·도서출판 푸른역사
주소·우) 03044 서울시 종로구 자하문로 8길 13
전화·02) 720－8921(편집부) 02) 720－8920(영업부) | 팩스·02) 720－9887
전자우편: 2013history@naver.com | 등록: 1997년 2월 14일 제13－483호

ISBN 979－11－5612－243－2 93900

국외소재문화재재단
Overseas Korean Cultural Heritage Foundation

일러두기

1. 을미개혁으로 1896년부터 공식적으로 태양력을 사용하게 되었다. 《미사일록》의 날짜도 양력을 따르고 있으며, 음력은 일부 날짜에만 병기되어 있다.
2. 원본에는 날짜, 날씨에 이어 곧바로 일기의 내용이 서술되어 있으나 독자의 편의를 위하여 날짜, 날씨와 일기 내용을 줄바꿈하여 분리하였다.
3. 같은 날짜의 일기에서 내용이 다른 경우는 '○'로 표시하여 구분하였다.
4. 외국 인명의 경우 현대음을 기본으로 하되 주요 인물의 경우 원문과 원어를 병기하였다. 중국인의 경우 신해혁명 이전이므로 한자음을 기준으로 표기하였다. 단, 정확한 현대음을 알 수 없는 경우 원문의 표기를 존중하였다.
5. 지명은 현대음을 기본으로 하되 정확한 현대음을 알 수 없는 경우 원문의 표기를 존중하였다.
6. 원본 후반부를 차지하는 영어 연습 부분은 별도의 번역 없이 〈원문〉 말미에 수록하였다.

발간사

1882년 조미수호통상조약 체결 이래 약 140년간, 한국과 미국은 근현대사의 격랑 속에서도 굳건한 외교 관계를 이어 오고 있습니다. 그 생생한 증거가 워싱턴 D.C.의 유서 깊은 로건서클 역사지구에 위치한 주미대한제국공사관(이하 공사관)입니다.

고종 황제는 열강의 틈바구니에서 대미 외교를 통해 자강自彊과 조선의 국체 보전을 이루고자 주미공사 파견, 공사관 매입 등 적극적 외교를 펼쳤으나 1910년 국권 강탈과 함께 공사관도 강제 매각되었습니다. 좌절된 꿈의 상징과도 같던 대미외교의 터전은 재미한인사회 등의 도움으로 2012년 우리 정부(문화재청)의 품으로 돌아와, 우리 재단의 위탁관리 아래 2018년부터 복원 개관하였습니다.

재단은 자주외교와 한미우호의 상징으로서 공사관을 보다 많은

이에게 알리는 한편, 한미외교사를 복원하고 재조명하기 위한 노력을 지속해 왔습니다. 초대 주미공사인 박정양의 미국 현지 외교 활동을 상세히 기록한 《미행일기美行日記》(2014)와 19세기 미국의 지리와 역사, 각종 근대 문물과 제도를 소개한 《미속습유美俗拾遺》(2018)를 번역 · 간행하였습니다. 2019년에는 공사관 서기관을 지낸 월남 이상재 선생의 《미국공사왕복수록美國公私往復隨錄》을 펴내어 19세기 말 조선왕조가 주미공사관을 통해 미국과 진행 중이던 현안 업무와 공관원들의 활동상을 재조명하였습니다.

이번에 번역하여 펴내게 된 《미사일록美槎日錄》은 제9대 주미공사를 지낸 이범진(1852~1911)의 일기입니다. 이범진은 러시아와 연해주에서 조국의 독립에 헌신하다 국권 상실의 절망을 이기지 못하고 사결한 독립투사로, 그가 주미공사 부임에 동반했던 둘째 아들 이위종은 이상설, 이준과 함께 헤이그 특사의 일원으로서 잘 알려져 있습니다.

《미사일록》에는 이범진이 주미공사로 임명된 1896년 6월부터 이듬해인 1897년 1월까지 부임 여정은 물론, 미국 대통령 선거, 추수감사절 및 크리스마스 등 미국에서의 일상과 견문들이 상세하게 담겨 있습니다. 이범진은 미국의 문명과 풍속을 높이 평가하여 '지치至治(잘 다스려진 정치)의 세상'이라 칭찬했으며, 워싱턴 외교가를 중심으로 청淸, 남미 각국 등 제3국의 정보도 세심하게 기록하는 등 외교관으로서의 책무도 성실히 수행하는 모습을 보여줍니다.

금번에 펴내는 《미사일록》은 일반 독자들도 쉽게 읽을 수 있도록 한문으로 기록된 원문을 쉬운 우리말로 옮기고, 사진과 해제·논문을 통해 이해를 돕는 데에 역점을 두었습니다. 19세기 말 조선의 개화와 자강을 위해 혼신을 다하던 외교관 이범진의 모습을 상상해 보시길 기대합니다.

이번 번역서 발간에 많은 분들의 노고와 협조가 있었습니다. 번역과 해제를 맡아주신 단국대학교 김철웅 교수님, 교열 작업을 맡아주신 한국고전번역원의 정영미 책임연구원님께 깊이 감사드립니다. 아울러 이 번역서의 기획과 실무를 맡아 진행한 재단 미국사무소 직원들과, 멋진 책으로 만들어주신 푸른역사 박혜숙 사장님과 실무진에게도 감사의 말씀 전합니다.

2020년 12월

국외소재문화재재단

이사장 최응천

| 주미조선공사관 외관(1893) |
1877년 건축된 빅토리아 양식 건물로,
포치에 태극 문양을 새겨 조선 공사관임을 드러내었다.
(Huntington Library 소장)

| 주미조선공사관 중앙 홀과 식당(1893) |

대형 태극기 위에 광화문 사진이 보인다.

(Huntington Library 소장)

| 주미조선공사관 객당(1893) |
태극 무늬 쿠션과 자수 병풍 등이
미국의 빅토리아 양식 내부 장식과 조화를 이루고 있다.
(Huntington Library 소장)

미사일록 美槎日錄
차례

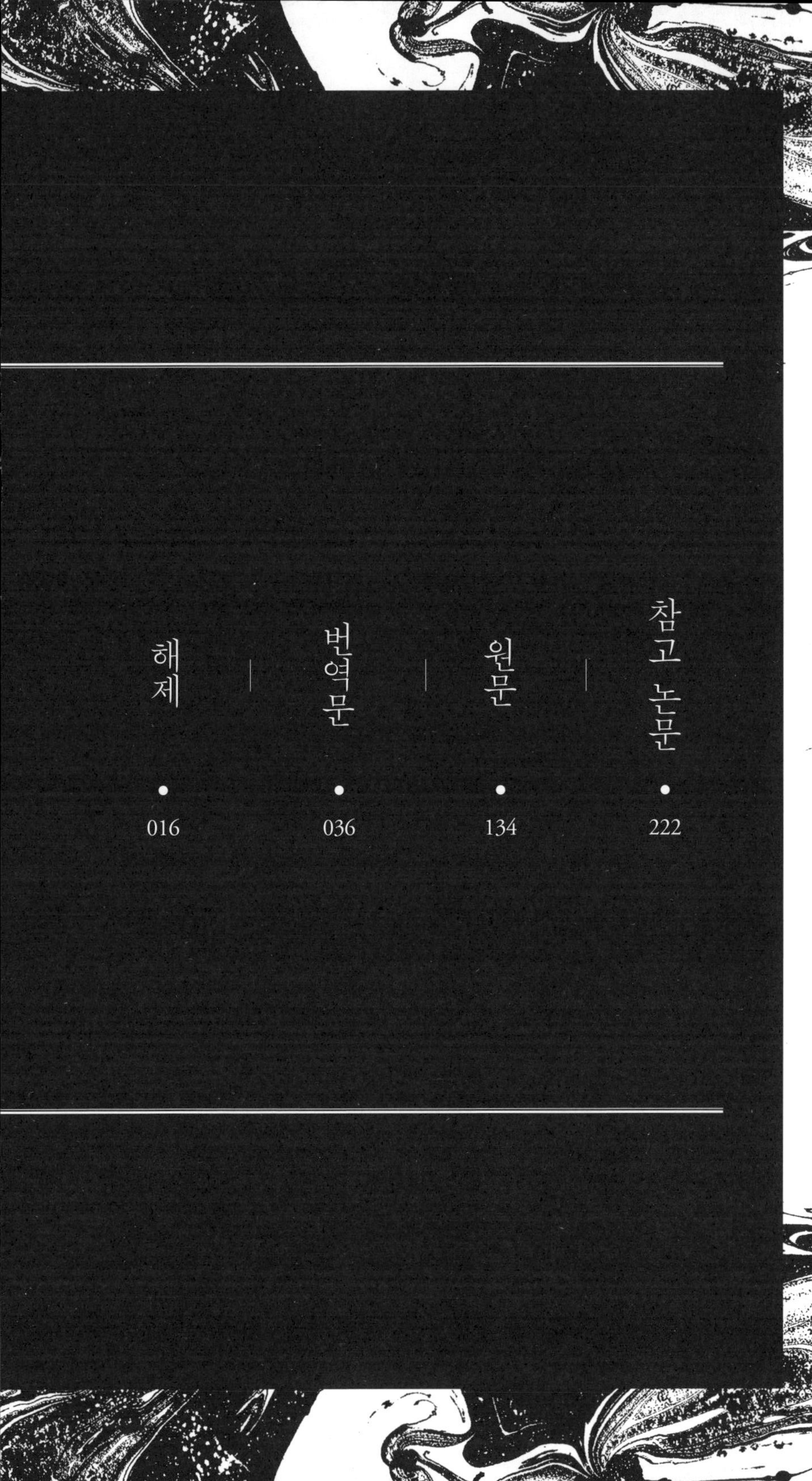

해제

해제

《미사일록》과 이범진

1882년에 미국과 수교한 조선은 박정양朴定陽 초대 공사(1888. 1.~1888. 11.)를 시작으로 김윤정金潤晶 서리 공사(1905. 5.~1905. 12.)에 이르기까지 모두 13명을 주미공사로 파견하였다. 1896년 6월 20일 서광범의 후임으로 주미공사에 임명된 이범진李範晉(1852~1911)은 7월 16일 인천을 출발하여 9월 10일에 워싱턴에 도착하였다. 이범진은 임명일인 1896년 6월 20일부터 미국으로 부임해 외교관으로서의 활동에 적응해가던 이듬해 1월 31일까지 일기를 기록하였는데, 그것이 바로 《미사일록美槎日錄》이다.

《미사일록》 원본은 현재 단국대학교 석주선기념박물관이 소장하고 있으며, 가로 23cm, 세로 28.5cm가량의 용지에 한 줄당 33~35자 가량을 14줄 또는 15줄로 종서縱書하였다. 분량은 표지를 제외하고 모두 57장이다. 겉표지와 첫 장 서두에 '미사일록美槎日錄'이라는 제목이 있다. 겉표지에 제목과 함께 "전한국주차미국특명전권공사前韓國駐箚美國特命全權公使 고故 천운川雲 이범진李範晉 원저原著 동同 공사관 직원公使館職員 고故 난정蘭汀 이건호李建鎬 수기手記"라고 기록되어 있다. 표지의 이 부분은 제목이나 본문의 글씨와 달라 나중에 덧붙여 적은 것으로 보인다. 《미사일록》이 이범진의 저술임은 7월 16

일 자에, "아내와 둘째 아들 위종을 데리고 갔다"고 하였고, 10월 9일(음력 9월 3일) 자에는 "이날이 내 생일이다"라고 한 데서 확인된다.

겉표지의 기록을 그대로 따른다면 《미사일록》은 주미공사관 서기생書記生이었던 이건호가 베껴 써서 국내로 들여온 것이 된다. 이범진이 주미공사로 파견될 때에 동행한 주미공사관 직원은 참서관 이의담과 서기생 이교석이었다. 1897년 5월 19일 자로 이교석이 면직되고 이건호가 새로 서기생에 임명되었다. 이건호는 1898년 7월 11일 자로 면직되고 대신 이범진의 첫째 아들 이기종이 서기생으로 임명되었다. 따라서 이건호가 면직되어 귀국하면서 이범진이 기록한 《미사일록》의 일부를 베껴 써서 국내로 가지고 왔던 것으로 보인다. 박정양의 《해상일기초》의 사례처럼 이건호는 이를 토대로 고종에게 주미공사 이범진의 활동을 보고하였을 것이다.

《미사일록》의 내용은 크게 두 부분으로 나누어진다. 첫 부분은 주미공사로 임명된 1896년 6월 20일부터 이듬해 1월 31일까지를 기록한 일기로, 이범진의 주미공사 활동을 파악할 수 있다. 이범진이 미국에 체류한 기간은 3년 6개월가량이 된다. 그중 임명과 부임 여정, 초기 미국생활 등 8개월 정도의 활동을 《미사일록》에서 확인할 수 있는 것이다. 서두에 '미사일록'이라고 제목을 표기하고, 6월 20일을 시작으로 양력 날짜를 기술하고, 간혹 음력을 병기한 후 그날의 일을 기록하였다. 먼저 날씨를 쓴 후에 하루의 중요 일과와 소회를 서술하였다. 일기의 마지막 기록인 1897년 1월 31일 다음에는 1897년 1월 21일에 있었던 미국 대통령 연회의 자리 배치에 대한 표가 하나 첨부되어 있다. 여기까지가 첫째 부분으로 그 분량은 34장이다.

둘째 부분은 영어 단어와 일상 대화를 영어, 한자, 한글 등으로 표기한 일종의 연습장으로, 23장이다. 첫 번째 부분과 같은 재질의 용지에 영어 단어와 일상 회화를 영어, 한자, 한글 등으로 표기하였다. 예를 들면 "와츠 時票, 체인 時票絲, 토박고 담빅, 유어 汝, 원 一" 처럼 영어 발음을 먼저 적고 이에 해당하는 한자나 우리말을 병기하였다. 그리고 "아타쉬attache 書記生, 싀글트리secretary 參書官, 민의시터minister 公使" 등 업무와 관련한 단어도 기록하였다. 단어 외에 "아이암我가 베리甚 항글에飢 더시틔渴", "풀네이싀請 테익取 유어汝의 넌취午飯" 등의 간단한 영어 회화도 있다. 이러한 내용으로 보아 두 번째 부분은 이범진이 영어를 공부하기 위해 작성한 것으로 보이며, 당시의 언어 자료로서 주목된다.

한편, 선교사 제임스 게일James Scarth Gale(1863~1937)은 1897~1898년에 워싱턴에서 이범진을 만났는데, 그에 관한 일화를 다음과 같이 전해주고 있다. "이범진 공사는 자유분방한 미국의 언어와 문화에 익숙하지 못하여 간혹 실수를 저지르곤 했다. 어느 날 지위가 높은 어떤 분이 이 공사의 집을 방문하였다. 그래서 공사가 그 손님에게 가족 사항을 영어로 소개하는 것을 들은 적이 있다. 공사가 말하기를 '우리 가족은 아내와 저, 그리고 세 꼬마kids가 있는데 두 꼬마는 조선에 있고, 한 꼬마kid는 위종입니다.'라고 하였다. 그 손님이 간 뒤 나는 이 공사에게 '절대 'kid'라고 말하지 마세요. 절대로!

항상 children이라고 하세요'라고 말했다."

이범진은 아관파천俄館播遷의 주역이었으며, 주미공사와 주러공사를 지낸 외교관이자 을사조약 이후에는 독립운동의 후원자로서 조선 말과 대한제국 시기에 매우 중요한 역할을 한 인물이다. 그리고 그의 둘째 아들은 헤이그특사의 일원인 이위종李瑋鍾이다. 《미사일록》의 배경과 내용은 본서 말미에 수록한 참고 논문에서 상세히 다루었으므로, 여기서는 이범진과 이위종의 생애와 행적에 대해 간략하게 소개하고자 한다.

이범진의 생애와 활동

이범진의 본관은 전주全州이며 세종대왕의 다섯째 아들 광평대군의 18대손이다. 이경하李景夏(1811~1891)의 서자로 1852년 9월 3일에 태어난 이범진은 1879년(고종 16) 식년 문과에 급제한 후 여러 관직을 지냈다. 그가 정계의 중요 인물로 부각되기 시작한 것은 갑신정변甲申政變 이후였다.

1884년 12월 4일 갑신정변이 일어났을 때 이범진은 명성왕후 민씨를 업고 동대문 밖으로 피신하였다. 왕후를 구원한 공으로 그는 고종에게서 '천운川雲'이란 호를 하사받았으며, 고종의 측근으로 부상하였다. 그리고 1895년 10월에 발생한 을미사변乙未事變 때에 이범진은, "속히 미·러 공사관에 가서 구원을 요청하라."는 고종의 명을 받고 미국과 러시아 공사에게 가서 도움을 요청하였다. 이후 러

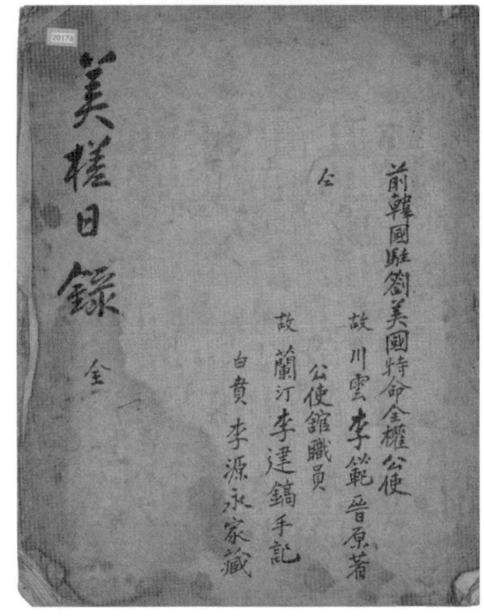

—

이범진 연세대학교 이승만연구원 소장
《미사일록》 단국대학교 석주선기념박물관 소장

—

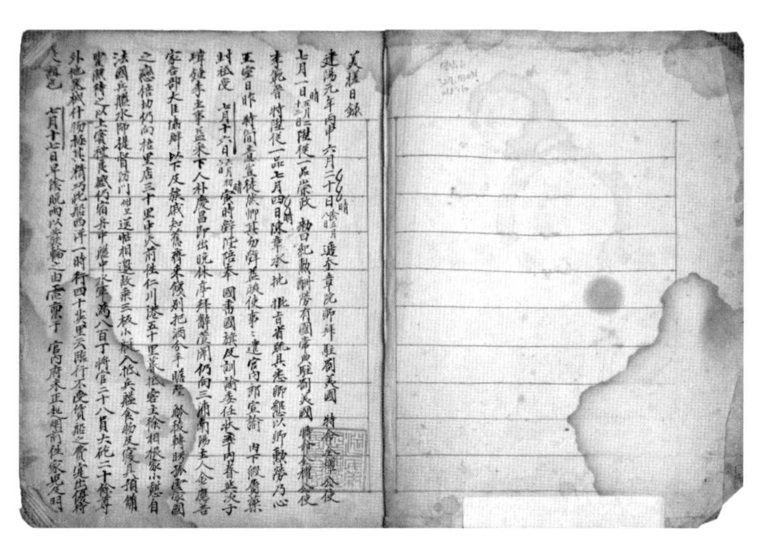

美槎日錄

建陽元年丙申六月二十日 晴 遞奎章院卿 拜駐箚美國 特命全權公使

七月一日 晴 陞從一品崇政 特旨紀勳酬勞有國常典駐箚美國特命全權公使

李範晉特陞從一品 七月四日 晴 陳章承批 批旨省疏具悉 卿懇以卿勳勞乃心

王室日昨特簡 [illegible] 卿其勿辭莅職使事 遣宮內府官諭 內下假[illegible]藥

封松茂 七月十六日 晴 賞時辭陛陪奉 國書國旗及訓諭委任狀 率內眷與次子

璋鍾 李主事益采 下人朴慶昌 即出晚林亭拜辭[illegible]闕 仍向三浦 南陽主人金應善

家 合部大臣協辦以下及親戚知舊齊來餞別把酒分手 臨陞 辭後 韓時孫處家國

之戀倍切 仍向桂里店 三十里中火 前往仁川港 五十里 暮抵客主徐相根家小憩 自

法國兵艦水師提督 [illegible] 送艇相邀 故乘三板小艇 入抵兵艦 食物及寢具預備

豐贍待之以上賓禮 良感 仍宿舟中 艦中水軍爲八百丁 將官二十八員 大砲二十餘等

外他器械什物極其精巧 此船西洋一時行四十哩里云 隨行不[illegible]貨船之費 [illegible]出[illegible]將

之賜也 七月十七日 早陰晚雨 以英輪之由[illegible]東京 宮內府來正起 [illegible]前往家見定明

How many hat ned
幾 多 有 人名
하오 멘이 희스 네드
네드은 얼마나 가젓느야

five books and ond book are
四 冊 且 一 冊 合五冊
포어 색스 언드 원 색스 알 까이부
넷 칙들과 ᄯᅩ혼 칙이 모두 다셧 칙이ᄃᆞ

If i give ned two tohs i shall have three
若 我 贈 人名 二 水球 我 將 持 三
이후 아이 기부 네드 투 탑스 아이 쇌 히부 ᄯᅳ리
디엘 닉가 네드 ᄋᆞᆫ 두 쥥구을 쥬면 닉가 장찻 세 쥥구를 가지것ᄃᆞ

five tohs are — tohs and — tohs
五 水球 合 二 水球 且 三 水球
과이부 탑스 알 투 탑스 인드 ᄯᅳ리 탑스
다섯 쥥이들이 두 쥥구와 ᄯᅩ 셋 쥥이더라

one two three four five six seven
一 二 三 四 五 六 七
원 투 ᄯᅳ리 ᄯᅩ어 ᅋᅡ이브 식 세븐

eight nine ten
八 九 十
에잇 나인 텐

머흐 머의 하스번
아이암 잇틀 노우
두유시의익 엥길리스
투더이 아이암 그리드 투시유
우업 겨울 노풋 이스베리마치
시루잉 셤마 오텀 우인더
그리되더이 위인듸 신오우
두데이스 폴리샤와이 우티잉
샤로더 쇼터 와이두
유어 그린머더 이시베리웰

하오먼의 마일쓰
무팜 희여 ᄯᅩ우투 其處
히부 유어와이무
오 엣스 마이 엣어스 이스 투어티 씩스
하우 올싀 아유 엣싀
오노 아이 히부 와더시 인예
유어 예런듸 이시 알나어루 아타싀
마이 로쇠쑨 이시 식쿨트리
홧 이시 유어 로쇠쑨 번의시터

제1면[卷首]

제40~41면

시아 공사관에 머물면서 고종과 은밀히 연락을 취하였고, 11월에 일어난 춘생문사건春生門事件에 적극 참여하게 되었다.

을미사변 이후 고종은 친일親日 세력에 포위되어 있었으며, 경복궁에 감금되어 있다시피 하여 불안과 공포에 떨고 있었다. 이에 고종의 측근과 친러·친미파 관리들은 왕을 경복궁 밖으로 탈출시키려고 계획하였다. 그러나 이 계획은 사전에 누설되어 실패하고 말았다. 이 춘생문사건에 이범진은 윤웅렬, 이하영 등과 함께 깊이 개입하고 있었다. 《뮈텔 주교 일기》에 의하면, "이범진이 며칠 내로 군대를 거느리고 대궐로 쳐들어가 친일적 수비대와 대신들을 몰아내고 고종을 구출하기 위해 병사들을 모집하고 있다는 소문이 나돌고 있다."고 하였다. 그리고 일본 측에서는 "11월 28일 사변의 장본인"은 이범진이라고 지목하였다.

춘생문사건의 주역으로 세상의 주목을 받았던 이범진은 1896년 2월의 아관파천 때에 고종과 러시아 공사관을 오가며 일을 성공시키는 데 크게 공헌하였다. 2월 11일 새벽에 고종과 세자는 가마 두 채에 나눠 타고 건춘문을 통과해 무사히 러시아 공사관에 도착하였다. 이에 앞서 이범진 등은 고종의 파천에 대비해 러시아 공사관 측에 협조를 받아놓은 상태였다.

아관파천이 성공하자 그 핵심 역할을 했던 이범진은 법부 대신法部大臣 겸 경무사警務使에 임명되어 정국을 주도해 나갔다. 그는 명성왕후 시해사건에 대한 수사를 철저히 진행하였다. 이 사건의 가담자는 일본의 군인과 낭인들이었고 그 배후는 일본이었다. 1896년 5

월 15일 자 《주한일본공사관기록駐韓日本公使館記錄》에 따르면, 이범진이 규장원 경奎章院卿이란 한직에 취임했지만 실제 5월까지는 그의 세력이 여전히 전날과 다름없고, 암암리에 왕년의 세도가를 자처하고 있다고 하였다. 그러나 이범진은 곧 불리한 입장에 몰리게 되었다. 우선 명성왕후 시해사건 관련자들에 대한 조사에 불만을 느낀 일본 측의 공작이 있었고, 러시아 공사 베베르와도 갈등이 있었다. 더구나 고종이 환궁을 은밀히 모색하는 가운데 이범진을 멀리하게 되자 그는 사면초가의 처지에 놓이게 되었다. 이렇게 정국이 이범진에게 불리하게 돌아가는 가운데 고종은 6월 20일에 이범진을 주미공사에 임명하였다. 이범진은, 지금과 같은 상황에서 고종의 곁을 한 발자국이라도 떠날 수 없으니 미국 공사의 직을 감당할 만한 사람에게 다시 제수하기를 간절히 바란다는 상소를 올렸다. 그러나 이범진으로서는 외국행을 결심할 수밖에 없었다. 이범진의 미국행에 대해, "시국이 다시 변하면 제일 먼저 살해될까 싶으므로 강력히 외국 공사를 자청하여 출국하였다"고 한 황현黃玹(1855~1910)의 말이 이범진의 속내였을 것이다.

1896년 6월 20일에 주차미국특명전권공사駐箚美國特命全權公使에 임명된 이범진은 7월 16일에 서울을 떠났다. 미국 여정에는 부인과 아들 이위종, 그리고 새로 임명된 공사관 직원들이 동행하였다. 이범진 일행은 7월 17일에 인천항에서 프랑스 군함 바야르Bayard호를 타고 중국 지푸芝罘에 도착하였으며, 이곳에서 중국 선박인 연승호連陞號로 갈아타고 상하이로 가서 다시 영국 우편선 엠프레스 오브 차이나Empress of China로 갈아타고 일본, 북태평양 등을 거쳐 밴쿠버에 도착하였다. 밴쿠버에서 기차를 타고 캐나다를 횡단하여 9월 10일에 미국의 수도 워싱턴에 도착하였다. 그는 서광범의 후임으로 주미공사 업무를 시작하였다.

주미공사 이범진은 1899년 3월에 러시아, 프랑스, 오스트리아 등 3개국의 주재공사에 임명되었다. 그러나 이범진이 미국을 떠난 것은 1900년 3월이었다. 따라서 그가 미국에 체류한 기간은 3년 6개월 정도가 된다.

이범진이 런던을 경유하여 파리에 도착한 것은 1900년 5월 4일이었다. 24일에 프랑스 외무부에 신임장을 제출하였으며, 6월 12일에 프랑스 대통령 에밀 루베Émile Loubet를 접견한 후에 오스트리아 비엔나를 거쳐 러시아 상트페테르부르크Saint Petersburg에 도착하였다. 이범진은 7월 12일에 러시아 황제에게 신임장을 전달하였다. 그는 1901년 3월에 겸임하던 프랑스·오스트리아 공사에서 해임되고 러시아 공사만 맡게 되었다.

1904년 5월, 일본의 압박을 받은 대한제국 정부는 러시아 전권공사 이범진을 본국으로 소환하였다. 소환하는 전보와 명령을 여러 번 보냈으나 이범진이 귀국하지 않자 9월에 러시아 공사에서 파면하였다. 이범진은 계속 상트페테르부르크에 체류하였다. 러시아 정부는 이범진의 어려운 처지를 고려하여 체류비를 지급하였다. 체류비를 지급한 이유에 대해 러시아 외무 대신은, "일본의 만행에 의한 지금의 상황을 러시아가 인정하지 않기 때문이며, 우리 러시아는 자주국가인 대한제국과 외교관계를 지속하고 있음을 보여 주기 위해서이다."라고 하였다. 그러나 러일전쟁은 일본의 승리로 끝이 났다. 1905년 11월에 무력으로 을사조약을 강제 체결하고 대한제국의 외교권을 강탈한 일본은 외국에 있는 대한제국의 공사관을 폐쇄하고 모든 외교관들을 철수케 하였다. 그리하여 1906년 초에 주러시아공사관도 폐쇄되고 말았다. 그러나 이범진은 러시아에 계속 체류하라는 고종의 밀명을 받았다.

고종은 1907년 6월에 네덜란드의 헤이그에서 개최하는 만국평화회의에 특사를 파견하여 유럽 열강을 상대로 일본의 침략을 규탄하고 독립을 호소하기로 하였다. 1906년 4월 20일에 서울을 출발한

| 이범진과 첫째 아들 이기종(좌), 김규식(우) |

Dear Old Roanoke: A Sesquicentennial Portrait, 1894~1992

이기종과 김규식은 1898년 미국 버지니아에 있는 로아노크대학Roanoke College에 입학했다. 로아노크대학은 의화군 이강, 김규식을 비롯한 다수의 한국인 유학생을 받아들였던 곳으로, 주미공사관은 유학생들에게 재정을 지원하기도 하였다.

THE PURITAN. 37

THE COREAN LEGATION.

COREA—or, as the inhabitants call it, Cho-Sen, the Land of the Morning Calm—had for centuries provoked the curiosity of other nations. Her ports were closed against foreign commerce; her people seldom went abroad. Living for themselves and by themselves, they earned the name of the Hermit Nation.

During the administration of President Arthur, the United States concluded treaties with this exclusive people. Commercial intercourse was established, and soon thereafter a Corean or two appeared on the streets of our national capital, attracting notice by their fly screen hats and quaint padded garments. When the Coreans came, the Chinese and Japanese lost much of their novelty to the sightseers in Washington. Men and women, ordinarily well behaved, craned their necks and tiptoed at public receptions in order to catch a glimpse of the newcomers in the diplomatic corps; and the grave Coreans excited as much wonder and amusement as the bushy headed Zulus in a circus parade.

Though vulgar curiosity has abated somewhat, the Corean legation is always spoken of as the oddest in Washington. If you would see it, your search will not be difficult, for the official residence is conspicuously situated on Iowa Circle, in an ultra fashionable neighborhood. Here these orientals have acquired a substantial and elegant home, and here they have lived since their advent in this country. They are not addicted to moving, as are their neighbors, the Chinese. There is only a narrow concrete drive between the lawns of the legation and the well kept Iowa Circle, and this gives the mansion the appearance of having extensive grounds.

On entering the legation you are surprised to find that it is not more Corean in its furnishings. Indeed, most of the rooms are distinctly American. True, you will find a few silk screens, crape scrolls, and ivory carvings which speak of the orient, but not more than in the cosmopolitan dwelling of the average American woman. If you express your surprise, you are met with a shrug of the shoulders, an upward glance of the eyes, which plainly says: "Ah, thereby hangs a tale!"

CHIN POM YE, COREAN MINISTER AT WASHINGTON.
From a photograph by Smith & Buck, Washington.

RECEPTION ROOMS OF THE COREAN LEGATION.
From a photograph by Miss Frances B Johnston, Washington.

| 이범진 공사 가족 사진 |

The Puritan, 1897. 11.

미국에서 발행되는 잡지에 이범진 공사 가족이 소개되었다.
아들 이위종은 영리한 소년으로 이미 영어를 무리없이 읽고 들으며,
부모의 통역관 역할을 하고 있다고 설명하고 있다.

COREAN MINISTER AND FAMILY.

COREAN LEGATION

Interesting Personality of the Minister and His Family.

FROM A FAR OFF LAND

The Sons Have Adopted American Clothes and Ideas

THE ISLAND EMPIRE

The diplomatic representatives of the far-distant empire of Corea have won their way into the hearts of a large portion of the people of Washington. Their charming personality, their warm-hearted cordiality toward their hosts of friends in this city and elsewhere, their ready interest in everything that partakes of American life and their observance of developments at the capital have attained for them a wide popularity. In addition to this the personal friendship which they have gained in large measure is the interest that naturally accrues to them as exponents of the characteristic ideas and customs of the orient.

The Corean legation has long been a point of considerable interest in the northwest. Strangers to the city, driven about by the legion of Jehus, are almost invariably taken past the legation, as well as several of the other embassies and legations, and it is pointed out to them as the official home of one of the most interesting of that large factor in Washington life, the diplomatic "set." And residents of that section take unusual interest in this little plot of foreign domain, a connecting link with the old world. The legation home is one of the largest and handsomest structures in the neighborhood, is flanked with bay windows, and a substantial porte cochere and driveway on 13th street make up a handsome front. Occasionally from the flagstaff above the unique flag of Corea flutters, and its striking colors attract immediate attention. Standing on the north side of Iowa Circle, on a corner where the

with as keen a zest as any American though in general he maintains a serene but kindly dignity.

Madame Ye is a slender, quiet, retiring little woman, who is devoted to the warm friends she has made among Washington women. Her countenance is stamped with an interested and inquiring expression, and as a hostess she quickly impresses her guests with her cordiality. She is an excellent entertainer in conversation, despite being handicapped by her limited acquaintance with the English language. She is fond of telling of the customs of her country, when she is with intimate friends, and of various points of difference in the American and Corean social views, which delight her friends.

The Minister's Sons.

Chong Ki Ye, the elder son, reached this country three months and a half ago. He was connected in an official capacity with the grand palace of the Crown Prince of Corea, and is as conversant with the daily life of that potentate as any official of the empire. His father wanted him educated in our institutions, a plan in which he gladly acquiesced. The crown prince arranged for his transfer to become an attaché here and Chong Ki Ye set sail on September 18, coming via Tokio and reaching Washington about November 20. He is a young man

CHONG WE YE'S GREETING.

Chong We Ye, a Corean boy, spent last week in New-York, and sent a few pleasant messages to the "Children's Corner." Chong, as he is familiarly called, is thirteen years old, and has lived for a number of years in Washington, in Thirteenth-st., near Iowa Circle, at the Corean Legation, as his father, Chin Pom Ye, is the envoy to the United States from Corea. Look on your map and you will find this country is a peninsula between China and Japan.

As Chong left his native land when a little child he does not remember much about it, and as he has been going to school for several years in Washington he can speak English fluently, and acts as interpreter for his father wherever he goes.

Chong is a bright boy, with sparkling black eyes and a happy, smiling face, and he wears knickerbockers, just like all American boys, with a Piccadilly and four-in-hand tie. He says he would rather live in Washington than New-York, as it is dreadfully noisy here. He has read a number of standard English works, but says he prefers Shakespeare to all. Chong could not recall any boys' stories that are published in Corea. He had no photographs of himself to send to the "Children's Corner," but he wrote his autograph in both English and Corean, and you can see how well he did it, for here it is:

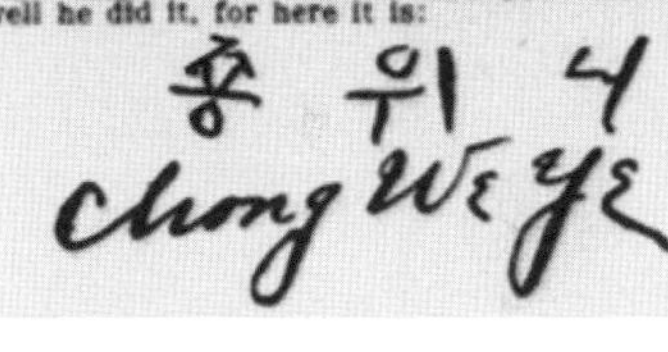

| 이범진 공사 가족 사진 |

The Washington Evening Star, 1899. 3. 11.

이범진의 첫째 아들 이기종도 1898년 가을 미국으로 건너왔다. 이기종은 이범진의 업무를 돕는 한편, 로아노크대학에 진학하여 학문을 계속하였다. 우측 하단은 이기종과 이위종 형제의 사진이다.

| 이범진의 둘째 아들 이위종의 일간지 투고 |

New York Tribune, 1900. 3. 25.

이위종은 이범진의 이임에 따라 워싱턴을 떠나게 되었다. 해당 기사는 소년 이위종이 신문의 어린이 코너에 인사말을 투고한 내용으로, 필자 사진을 대신해 한국어와 영어로 서명을 실었다.

이준李儁은 블라디보스토크에서 이상설李相卨과 합류하였다. 이들은 6월 4일에 상트페테르부르크에 도착하여 이범진과 만났다. 이범진은 영어와 프랑스어에 능통한 아들 이위종을 이들과 동행하게 하는 한편, 러시아 정부에 지원을 요청하여 특사들이 헤이그에 무사히 도착할 수 있도록 조처하였다. 그리고 러시아 대표에게 부탁하여 특사들이 각국 신문기자들을 만날 수 있도록 하는 등 헤이그 특사의 활동을 지원하였다. 그러나 세 특사와 이범진의 노력에도 불구하고 일본의 방해로 원래의 임무를 달성하지 못하였다.

이후 이범진은 연해주 지역에서 벌이고 있던 독립운동을 적극 후원하였다. 이범진은 의병 단체인 동의회同義會의 설립을 주도하였는데, 군자금 1만 루블과 함께 아들 이위종을 보내 의병 조직을 결성하도록 하였다. 이에 따라 1908년 4월에 연해주 얀치헤에서 최재형, 이범윤, 안중근 등을 발기인으로 하여 동의회가 결성되었다. 그리고 연해주 최초의 한인신문인 《해조신문海朝新聞》이 창간되자 1908년 5월에 신문 간행을 축하하며 금화 50원을 후원하였다. 1909년 12월 10일 자의 《주한일본공사관기록》에서 러시아와 상하이에서 활동하는 배일排日 한인韓人 32명을 열거하였는데 최재형, 유인석, 이상설과 함께 이범진, 이위종이 거명되었다.

이범진은 독립을 지키기 위해 백방으로 노력하였으나 상트페테르부르크에서 대한제국의 멸망을 지켜볼 수밖에 없었다. 결국 이범진은 국권을 회복할 방도가 없는 절망적인 현실을 개탄하면서 자결을 결심하였다. 이에 앞서 이범진은 몇 통의 유서를 작성하였다. 고종에게 남긴 유서에서 그는, "우리나라 대한제국은 망했습니다. 폐하께서는 모든 권력을 잃었습니다. 신은 적을 토벌할 수도, 복수할 수도 없어 깊은 절망에 빠져 있습니다. 국권을 회복할 방책이 없다면 더 이상 살아야 할 이유도 없습니다. 자결 외에 제가 할 수 있는 일은 아무것도 없습니다. 신은 격분의 정을 이겨낼 수 없기에 오늘 목숨을 끊습니다."라고 하였다. 그리고 평소 친분이 있던 크즈네초프 경찰서장에게, "국권 침탈은 저에게 목숨을 보전할 어떠한 희망과 가능성도 앗아갔습니다. 적에게 복수할 방법이 없기에 저는 진정 자결을 결심합니다."라는 유서를 남겼다. 그는 유서에서 일제에 의한 국권 침탈에 항거해 자결한다는 사실을 분명하게 밝히고 있다.

이범진은 1911년 1월 26일에 망국의 한을 품고 자결하였다. 향년 59세였다. 1896년 7월에 주미공사의 명을 받고 조선을 떠난 후 다시는 고국 땅을 밟지 못하고 생을 마감한 것이다. 서울 주재 러시아 총영사 소모프는 이범진의 순국이 "적들에게 가장 잔인하고 확실한 복수"라고 하며 그의 죽음을 애도하였다. 그의 죽음은 《매일신보每日申報》 1912년 2월 9일 자를 통해 처음으로 국내에 알려졌다. 그리고 하와이에서 발간되던 신문인 《국민보國民報》의 1913년 10월 29일 자에는, "이범진 공이 나라를 위해 순절한 것을 동포들이 영원토록 잊지 못한다."고 하면서 그의 분묘를 수축하기 위한 성금을 모집하였다.

이범진의 시신은 상트페테르부르크 북쪽에 있는 우스펜스크 묘지(현재의 북방묘지)에 안장되었다. 그런데 그의 무덤은 1975년 묘역의 재정비 과정에서 무연고 묘지로 분류되어 사라져 버렸다. 2002년,

대한민국 정부는 이범진 공사 탄생 150주년을 맞아 북방묘지에 이범진 공사의 추모비를 세웠다. 아울러 이범진의 공적을 기리어 1963년에 대통령 표창을, 1991년에 건국훈장 애국장을 추서하였다.

이위종의 행적

이위종李瑋鍾(1884~?)은 헤이그 특사로 유명하지만 그 외의 행적에 대해서는 잘 알려져 있지 않다. 이위종은 주미공사로 임명된 부친 이범진을 따라 미국으로 건너가게 되었다. 《미사일록》에는 헤이그 특사 이전의 유년 시기를 단편적으로 찾아볼 수 있다.

조선의 소학교는 1894년 갑오개혁의 일환으로 설립되었다. 〈소학교령小學校令〉에 따르면, "만 7세부터 만 15세까지의 8개년을 학령으로 한다."라고 하였다. 그리고 7월에 한성부 내에 4개의 관립소학교를 개교하였다. 이에 따르면 이위종은 소학교의 취학 연령에 해당되었다. 이범진은 미국 워싱턴에 도착하고서 한 달 반이 지난 11월 2일에 아들 이위종을 소학교에 입학시켰다. 그런데 헤이그사건 당시의 신문보도에 따르면 편집자는 이위종에 대해, "1896~1900년에 주미공사였던 이범진의 아들이다. 그는 4년 동안 워싱턴에서 살았으며 얀손 드 라일리 꼴라쥐College of Janson de Lailly에 다녔다. 그리고 2년 동안은 파리의 생 시르Saint-Cyr 군사학교의 학생이었다"고 소개하였다. 꼴라쥐는 11세의 어린이가 입학하는 프랑스 중등학교를 말한다. 프랑스의 초등교육은 6세부터 10세까지, 중등교육은 11세부터 17세까지 이루어진다. 따라서 이위종이 프랑스계 중등학교인 꼴라쥐에 입학한 것은 소학교를 졸업한 후였을 것이다. 아마도 이위종은 단기로 초등과정을 마친 뒤 중등학교에 진학하였을 것이다.

이위종은 1900년 5월에 이범진을 따라 파리에 도착하였으며, 6월에 리쎄 장송 드 사이Lycée Janson De Sailly에 입학하였다. 2년 뒤인 1902년에 이위종은 생 시르 군사학교에 입학하였다. 이처럼 이위종은 부친 이범진의 미국공사 부임에 동행하여 중국, 일본, 캐나다, 미국 등을 여행할 수 있었고, 서양식 교육을 받아 영어와 프랑스어에 능통하였다.

미국에 있으면서 이위종은 부친의 공식행사에 자주 동행하였다. 1897년 1월 25일에 미국 대통령 부인이 주최하는 행사에 참석하기 위해 이위종은 부친 이범진, 그리고 공사관 직원과 함께 대통령 관저로 갔다. 이때 영부인이 이위종의 나이, 그리고 영어를 배웠는지에 대해 물었다. 이위종은 1월 28일에도 이범진을 따라 대통령이 주최하는 행사에 참석하였는데, 당시 클리블랜드 대통령은 이위종에게 이름과 나이를 물으며 환대하였다. 이처럼 이위종은 어린 나이에 대통령과 각국 외교관이 주최하는 행사와 연회에 참석하였다. 이는 그의 일생에 큰 자산이 되었다.

한편 선교사 제임스 게일은 워싱턴에서 이범진 공사 가족과 여러 차례 만났으며 함께 뉴욕 여행을 가기도 하였다. 제임스 게일은, "내가 워싱턴에 주재하던 이범진 공사와 친숙한 관계를 맺게 된 것은 나의 운명이었다. 그는 워싱턴에 체류하는 동안 그의 아내와 위종이라고 하는 열두 살짜리 아들과 함께 살고 있었다. 이 공사의 가족들은 그들의 의상을 약간 변형을 했지만 대체로 자기 나라에서 입던 옷을 그대로 입었고 아름답게 다듬어진 워싱턴 시내에 있는 13가를 다녔다. 남녀노소를 막론하고 사람들은 이 공사의 가족을 알게 되었다. 그 어떤 누구도 말총 모자를 쓰고 품위 있는 동양풍으로 활보하는 이 공사보다 더 경쾌하게 뽐내며 걷는 사람은 없었다." 고 하였다. 그리고 이위종에 대해 다음과 같은 일화를 전해주고 있다. "이범진 공사가 워싱턴에 있는 동안 그의 아들 위종이 학교에 가서 다른 학생들과 함께 한 클래스에서 지냈다. 나는 위종이 학교에서 돌아오는 어느 날 만난 적이 있다. 그런데 그의 안색이 좋지 않아, '위종아, 학교에서 무슨 일이 있었니? 아이들이 널 괴롭히기라도 했니?'라고 물었다. 위종은 '애들이 간혹 나에게 딴 이름을 붙여서 놀려댑니다'라고 하였다. '널 뭐라고 부르는데?'라고 묻자 위종이 '나더러 황색 꼬마라고 놀려댑니다'라고 말했다." 이를 통해 이위종이 미국 아이들과 함께 학교를 다녔으며, 그 와중에 동양인으로서 차별을 겪었음을 알 수 있다.

1903년 러시아 공사로 부임하는 이범진을 따라 상트페테르부르크로 간 이위종은 1907년 6월 15일, 네덜란드 헤이그에서 만국평화회의가 열릴 때에 이상설, 이준과 함께 특사로 활동하였다. 영어, 프랑스어에 뛰어났던 이위종은 회의를 취재하던 각국 기자들에게 특사의 활동을 알리는 데 큰 역할을 하였다. 특히 7월 9일에 기자협회의 초청을 받은 이위종은 프랑스어로 '한국의 호소A Plea for Korea'

라는 주제로 연설하였다. 이 내용은 한 달 뒤에 《인디펜던트*THE INDEPENDENT*》에 실렸는데, 편집자는 세련되고 유창하게 프랑스어를 구사하는 이위종을 한국에서 온 왕자로 소개하였다. 이위종이 헤이그 특사로서 크게 활약할 수 있었던 데는 부친 이범진을 수행하여 미국과 유럽에서 교육받은 점이 그 밑바탕으로 작용하였을 것이다.

1911년 2월, 이범진의 장례식을 마친 이위종은 아버지의 유언에 따라 1만 2천 루블을 미국의 대한인국민회와 블라디보스토크의 한인 단체에 전달하였다. 제1차 세계대전이 일어나자 이위종은 러시아의 장교가 될 것을 결심하고, 1916년 1월에 블라디미르 군사학교에 입학하여 5월에 졸업하였다. 러시아군의 장교로 임관한 이위종은 서부전선에 배치되어 독일군과 대치하였다. 1917년에 러시아와 독일이 강화조약을 체결하자 이위종은 러시아로 돌아왔다. 10월 혁명으로 제정 러시아가 붕괴되고 이후 정부군(백군)과 혁명군(적군)이 내전을 벌였다. 이때 이위종은 혁명군에 가담하였다. 1919년에 혁명군사위원회는 제3군과 제5군의 고려인 부대를 조직하는 책임자로 이위종을 임명하였다. 일본은 이위종의 활동을 탐지하여, "모스크바에는 고 이범진의 아들 이위종이 한인 측의 대표적인 인물로 활동하고 있었는데, 일설에는 이위종이 과격파군 한인 부대의 사령관으로 그 부하로 약 4천 명의 한인들을 이끌고 이르쿠츠크에서 활동하고 있다고 한다."라고 기록하였다. 1920년부터 이위종은 러시아 공산당의 명령에 따라 시베리아 일대에서 당과 조직사업의 간부로 활동하였다. 그러나 1924년 10월 이후 이위종의 행적은 확인되지 않는다.

번역문

건양建陽 원년

丙申年

1896

6월

6월 20일【음력 5월 8일】.[1] 맑음.

○ 규장원 경奎章院卿[2]에서 체차遞差되어[3] 주차미국특명전권공사駐箚美國特命全權公使에 제수除授되었다.[4]

---

[1] 1895년 을미사변 이후 김홍집金弘集 내각內閣은 개혁을 추진하면서 11월 15일에 칙명으로 고종 33년(1896)부터 연호를 사용하기로 하였다. 그리하여 음력 1895년 11월 17일을 양력 1896년 1월 1일로 정하고, 이때부터 태양력 사용과 함께 건양建陽 연호를 쓰기 시작하였다. 건양 연호는 1897년 8월 16일까지 사용되었다.

[2] 정조正祖는 즉위한 직후인 1776년 3월에 규장각을 설치하였다. 규장각은 1895년(고종 32) 4월에 규장원奎章院으로 개칭되었으며 최고 관직으로 경卿을 두었다. 1897년(고종 34)에 본래 이름인 규장각으로 환원되었다.

[3] 《승정원일기》에 따르면 이범진이 규장원 경에 제수된 것은 4월 22일(음력 3월 10일)이었다. 그러나 몇 달이 지나지 않은 6월 20일에 규장원 경에서 해임되었다. 이는 이범진을 주미전권공사로 임명하기 위한 조처였다.

[4] 이범진이 주미공사에 임명된 날짜 6월 20일이 《미사일록美槎日錄》에는 음력 5월 8일로 기록되어 있다. 그런데 《승정원일기》에 따르면 임명 날짜가 5월 10일(양력 6월 20일)로 되어 있어 차이를 보인다.

7월

7월 1일【음력 5월 22일】. 맑음.

○ 종1품 숭정대부崇政大夫로 승진하였다. 칙명勅命에, "공훈을 기리고 노고에 보답하는 것은 나라의 상전常典이다. 주차미국특명전권공사 이범진李範晉을 특별히 종1품으로 승진시키라."고 하였다.[5]

7월 4일. 맑음.

○ 소장疏章을 올려[6] 비지批旨를 받들었다. 비지에, "'상소를 보고 경卿의 간절한 마음을 잘 알았다. 공훈과 노고가 있는 경이 왕실에 충성을 다하였으니, 며칠 전에 특별히 선발한 것이 어찌 아무 뜻 없이 한 일이겠는가. 경은 사직하지 말고 사신의 일을 살 완수하라.'는 내용으로 궁내랑宮內郞을 보내 선유宣諭하도록 하라."고 하였다.

○ 대내大內에서 하사한 비단과 약봉藥封을 공경히 받았다.

---

[5] 이 칙명의 내용은 《승정원일기》에도 실려 있다. 《承政院日記》 고종 33년 5월 20일 갑인(양력 6월 30일), "詔勅 記勳酬勞 有國常典 駐箚美國特命全權公使李範晉特陞從一品."

[6] 이범진의 상소는 7월 2일에 있었다. 주요 내용은 주미공사의 직을 감당할 수 없으므로 다른 사람으로 다시 제수하기를 바란다는 것이었다. 《承政院日記》 고종 33년 5월 22일 병진(양력 7월 2일) 駐箚美國特命全權公使 李範晉疏 참조.

7월 16일【음력 6월 6일】. 맑음.

◯ 인시寅時(오전 3~5시)에 임금께 하직 인사를 하고 국서國書, 국기國旗와 훈유訓諭, 위임장을 받들고 나왔다.

◯ 아내와 둘째 아들 위종瑋鍾,[7] 주사主事 이익채李益采,[8] 하인 박경창朴慶昌을 데리고 즉시 만휴정晩休亭을 나와 어머니께 절하고 작별 인사를 하였다.[9] 이어서 삼포三浦(마포)에 있는 남양주인南陽主人 김응선金應善의 집으로 향하였다. 각 부部의 대신大臣, 협판協辦 이하와 친족과 인척, 친구 등이 함께 와서 전별餞別하므로 술을 마시고 이별하였다. 멀리 궁궐을 바라다보고 외로이 떠있는 구름을 쳐다보니 나라와 집에 대한 그리움이 배나 간절하다. 곧이어 오리점梧里店을 향해 출발하여 30리를 가서 점심을 먹었다. 앞으로 인천항까지는 50리이다.[10] 날이 저물녘에 객주客主 서상근徐相根의 집에 이르러 조금 쉬었

---

7 이위종李瑋鍾은 이범진의 둘째 아들로 1884년에 태어났다. 그는 아버지를 따라 미국, 프랑스, 러시아 등 각국을 순회하며 유학하여 영어, 프랑스어, 러시아어 등에 능통하였다. 1907년 6월 네덜란드 헤이그에서 열리는 만국평화회의에 고종이 파견한 3명의 특사 중의 한 사람이다.

8 이익채는 7월 15일에 내부 주사內部主事에서 면직되었다.

9 이범진이 가족과 함께 출발한 사실은 《승정원일기》에서도 확인된다. 《承政院日記》 고종 33년 6월 11일 올해(양력 7월 21일), "주차미국특명전권공사 이범진에게 부인과 함께 이달 16일에 출발하도록 하였다駐箚美國特命全權公使李範晉 同其夫人 本月十六日出發."

10 이 여정은 이 시기에 서울에서 인천으로 가는 보편적인 길이었다. 이에 대한 좀 더 자세한 여정은 《동사만록東槎漫錄》이 참고된다. 《東槎漫錄》 日記 갑신년(1884) 11월 7일, "서울을 떠났다. 돈의문 밖에 나오니 눈이 어지럽게 내리는데 눈을 무릅쓰고 가서 마포나루에 도착하였다.……눈이 그치고 바람이 일었다. 진흙길이 미끄러워서 간신히 부평의 오류동梧柳洞 30리에 이르러 유숙하였다. 밤에 목인덕穆麟德(묄렌도르

다. 법국法國(프랑스) 군함軍艦의 수사 제독水師提督 보몽(쌤모, 방문防門, Beaumont)[11]이 명함을 보내 초대하였다. 작은 삼판선三板船[12]을 타고 가서 군함에 승선하였다. 음식과 침구를 미리 준비해 놓았는데, 음식은 풍족하고 침구는 깨끗하였다. 지위가 높은 손님을 모시는 예로 대우하니 참으로 감동하였다. 이어 군함에서 잤다.

프, Möllendorff)이 인천에서 올라와서 여기에 이르러 유숙하였는데, 장차 서울에 들어가서 하루를 머물렀다가 인천으로 돌아와서 같이 출발하겠다고 하였다." 《동사만록》은 갑신정변 직후 봉명 사신奉命使臣으로 일본에 갔던 서상우徐相雨의 종사관從事官 박대양朴戴陽의 여행 기록이다.

11 프랑스 극동함대 사령관 보몽Beaumont 제독. 이때 조선에 온 그의 행적은 다음과 같다. 《뮈텔 주교 일기》 1896년 7월 15일, "11시경에 외부 대신 이완용이 프랑스 극동함대 사령관 보몽 제독을 방문하러 왔다. 어제 4시경에 제독이 왕을 알현한 것을 기록하는 것을 잊었다. 물론 이 자리에서는 프랑스 업체, 특히 그릴Grille 씨가 대표하는 피브 릴르Fives Lille 상사商社에 철도 부설을 양도하도록 프랑스 공사가 요청한 철도 부설의 양도 문제가 논의되었다. 왕은 그 문제가 양국의 이해 관계를 위해 지체 없이 해결되도록 외부 대신에게 지시하겠다고 대답했을 것이라고 한다. 오늘 제독은 프랑스 업체에 허가해 주는 것이 왜 조선에 유리한지를 나더러 대신에게 설명하게 했다. 조선에 중대한 도움을 줄 수 있는 나라들 중에서 프랑스보다 더 나은 도움을 줄 수 있는 나라는 없다는 것이다. 그러자 대신은 이러한 이유들을 완전히 알아들었고, 그래서 그의 동료 대신들에게 꼭 얘기하겠다고 대답했다."; 《독립신문》 1896년 7월 16일 자 잡보, "이달 열나흘 날은 프랑스가 민주국 되던 환갑인데 프랑스 인민에게는 큰 경사로운 날이라. 이십오 년 전에는 프랑스에 황제가 있어 큰 옥을 지어 놓고(그 옥 이름은 배스틸; 바스티유) 그 황제에게 딸린 총신들과 황족들과 화족들이 백성을 얽어 그 옥에다 가두고 무리하게 자유권을 빼앗고 억지로 압제를 하려는 까닭에 백성들이 자유권을 찾으려고 내란이 일어나 그 옥을 부수고 민주국이 되던 날이라. 이날 프랑스공사관에 조선 대신들과 각국 공영사들과 그 외 높은 신사들이 프랑스 공사를 찾아와서 치하하고 대군주 폐하께서 프랑스 공사와 해군 중장 동양 함대 총독 백작 보망 씨와 함장 본의폐 씨들을 불러 폐현하게 하셨다더라."

12 삼판三板은 6자의 길이로, 삼판선은 사람이나 물건을 나르기 위한 작은 배이다.

○ 군함[13] 안에는 수군水軍 800명, 장관將官 28원員, 대포 20여 문이 있었다. 그 외의 기계와 집기들이 아주 정교하였다. 이 배는 서양의 한 시간에 40마일(영리英里, mile)[14]을 간다고 한다. 출발하려고 할 때에 배를 빌려 쓰는 비용을 받지 않으니, 이는 특별히 잘 대우하려는 정의情誼에서 나온 것이다.

7월 17일. 이른 아침에 흐리다가 저물녘에 비 옴.

○ 배를 타고 출발한다는 사실을 궁내부宮內府에 전보電報로 아뢰었다.

○ 미정未正(오후 2~3시)에 배가 출발하였다.

○ 함께 왔던 아들과 문하門下의 여러 사람이 동시에 이별을 고하니 몹시 마음이 아팠다. 바다 위로 보이는 푸른 산은 꾸불꾸불 이어지고 매우 멀고 아득하였는데, 완연히 전에 왔던 사람을 맞이하는 듯하였다.

7월 18일. 맑음.

○ 청산도靑山島, 리우공다오劉公島,[15] 웨이하이웨이威海衛[16]를 지나 미정未正(오후 2~3시)에 옌타이烟台[17] 항구에 도착하였다. 옌타이는 높

13 프랑스 군함 바야르Bayard호.

14 1마일은 1.609344km에 해당한다. 따라서 40마일은 64.37376km이다.

15 중국 산둥반도 동북단 웨이하이만威海灣의 입구에 있다.

16 중국 산둥반도 동북단에 있다. 현재 산둥성 웨이하이시威海市.

17 중국 산둥반도 중부에 있다. 현재 산둥성 옌타이시烟台市. 옛 지명은 지푸芝罘이다.

은 건물이 눈부시게 빛나고 배들이 아주 많이 모여 있었다. 예전의 모습과 비교해 보니 크게 번창하였다.

○ 프랑스 제독 보몽이 먼저 항구로 들어가 상하이上海로 가는 청국 상선商船 연승호連陞號를 찾아내어, 우리 일행이 육지에 내리지 않고 곧바로 배를 바꾸어 타게 해주었다. 마침내 보몽과 이별하였다. 우리나라 물품 세 가지를 주어 약소하게나마 정의에 보답하는 마음을 표현하였다. 군함의 보이(甫伊, boy)에게는 4원을 수고비로 주었다. 미국 영사領事 달납복達納復이 미국 공사公使 실(시일施逸, John M. B. Sill)[18]의 편지를 건네주었다. 달납복 영사는 배로 달려와서 여러 가지 일들을 끝까지 주선해 주고 돌아갔다.

○ 출발하는 배의 자리 표票는 상등上等이 3인으로 1인당 37원元이고, 소아小兒 1인은 상등의 반액이고, 하인 1명은 관례에 따라 무료로, 합계 129원 5각角이었다.

○ 유초酉初(오후 5~6시)에 배를 타고 옌타이를 출발하였다.

○ 인천仁川에서 옌타이까지 270마일이다.

7월 19일. 비가 오다 맑았다 함.

○ 황해의 사미산蛇尾山을 지났다.

---

[18] 존 실John M.B. Sill(1831~1901)은 1894년 4월부터 1897년 9월까지 주한 미국 공사로 있었다. 전임자는 딘스모어Hugh A. Dinsmore(재임 1887년 5월~1890년 5월)이고 후임자는 알렌Horace N. Allen(재임 1901년 12월~1905년 6월)이다.

7월 20일. 이른 아침에 안개가 끼고, 저물녘에 맑음.

○ 유정酉正(오후 6~7시)에 상하이에 도착하였다. 미국인이 운영하는 호텔인 예사禮査(Richard)반점飯店, 즉 애스터하우스ASTOR HOUSE[19]에 머물렀다. 주인은 상생常生, 즉 존슨(쪈쓴, Jenson)이다. 상등上等의 음식 값은 매일 7원이었다.

○ 옌타이에서 상하이까지 400마일이다.

7월 21일. 맑음.

○ 상서尙書 민영익閔泳翊[20]과 미국 영사[21] 젼의간(쪈의간)이 만나러 찾

[19] 1846년에 영국 상인 리처드Astorof Richard(阿斯脫豪夫 禮査)가 상하이의 영국 조계租界와 상하이 현성縣城 사이, 즉 현재의 금릉 동로 와이탄外灘에 호텔을 세우고 자신의 이름을 붙여 예사반점禮査飯店(Richard's Hotel and Restaurant)이라고 하였다. 1860년에 영국인 헨리 스미스가 호텔의 경영권을 인수하여 Astor House Hotel로 개명하였다. 리처드호텔(예사반점禮査飯店)은 서양인이 최초로 투자한 호텔로서 상하이의 이정표가 되는 건축물이었다. 상하이를 방문하는 수많은 각국 인사들은 우선적으로 이곳에 투숙하였다. 1907년에는 바로크 양식으로 재건하여 상하이에서 가장 호화로운 호텔 중의 하나였다. 현재는 상하이포강호텔上海浦江飯店이며, 영문명은 ASTOR HOUSE HOTEL이다.

[20] 민영익閔泳翊(1860~1914)은 1883년 6월에 보빙사報聘使로 임명되어 미국을 방문하였다. 방문단에는 홍영식洪英植, 서광범徐光範, 유길준兪吉濬 등 개화파 인물이 수행하였다. 미국 아서C. A. Arthur 대통령을 예방하였으며, 미국의 세계박람회, 전기회사, 철도회사, 소방서, 육군사관학교 등을 시찰하였다. 그는 유럽을 경유하여 이듬해 5월에 조선으로 돌아왔다. 1895년, 원세개袁世凱의 고종 폐위음모사건이 일어난 후에 홍콩으로 망명하였다. 고종은 그의 귀국을 설득하였고 서신을 통해 조력을 받았다고 한다. 穆麟德夫人 編, 고병익 譯, 〈穆麟德의 手記〉(《진단학보》 24, 1963), 598쪽, "1895년 10월, 귀족당의 일인자로 지목되던 민비가 일본인들에 의해 잔인하게 살해되자 민영익은 조선으로 돌아갈 수 없었다.……1896년 이른 봄에 민영익 부인이 상해로 왔는데 왕은 부인이 민영익을 설득시켜 조선으로 돌아오게 하려 하였다.

아왔다. 모두에게 사례하는 뜻을 표하였다.

7월 22일. 비.

○ 호텔에 머물고 있었는데 조용한 때에 묄렌도르프(목인덕穆麟德, Möllendorff)[22]가 문을 두드려 만나러 찾아왔다. 9년 전(1887, 고종 24)에 이 사람과 함께 옌타이와 톈진天津을 왕래한 적이 있는데, 이날 타향에서 우연히 만나 서로 막혔던 소식을 이야기하였다.[23]

7월 23일. 비.

○ 묄렌도르프가 또 왔다.

그러나 민영익은 묄렌도르프와 함께 가지 않으면 돌아가지 않겠다고 하였다. 그래서 왕은 묄렌도르프의 조언을 서면으로 계속해서 받아오게 했으며, 또 끊임없이 사신을 보내어 조력을 받았다."

21 미국은 1844년 7월 3일 망하望廈 조약에 의해 청국과 외교관계를 수립하고 상하이에 영사관을 개설하였다.

22 묄렌도르프P.G. Von Möllendorff(1848~1901)는 독일 사람으로 청국 주재 독일영사관에서 근무하던 중 1882년(고종 19) 이홍장李鴻章의 추천으로 통리아문統理衙門의 참의參議, 협판協辦을 역임하면서 외교 고문과 세관 업무를 맡았다. 갑신정변 때는 김옥균의 개화파에 반대하여 수구파를 도왔다. 외무 협판에 재직 중이던 1885년에 이홍장의 압력으로 해임되어 중국으로 건너갔다.

23 이범진과 묄렌도르프는 매우 친분이 두터운 듯하다. 《매천야록梅泉野錄》 제1권 상, "전前 무위대장武衛大將 이경하李景夏는 고금도古今島, 장어대장壯禦大將 신정희申正熙는 임자도荏子島로 유배하여 이들을 위리안치圍籬安置하였다. 이때 오장경吳長慶은 그 병란이 일어난 원인을 파헤쳐 이경하 등이 원수元帥로서 그들을 저지하지 못하였다는 이유로 군법을 적용하려고 하였다. 고종은 그의 죄가 아니라는 것을 강력히 말하여 그를 구제하였고, 이경하의 아들 이범진도 목인덕과 친한 사이였으므로 그의 도움을 받아 사형만 감면하고 도서로 유배하였다."

7월 24일. 맑음.

7월 25일. 맑음.

○ 진사進士 민영선閔泳璇[24]이 찾아와 만났다.

○ 더위에 열기가 큰 불을 지른 듯하여 위층의 누각으로 옮기니, 거의 한문寒門에 날아올라 시원한 바람에 씻은 듯하였다.[25]

7월 26일.

7월 27일. 맑음.

7월 28일. 이른 아침에 맑다가 저물녘에 번개 치고 비 옴.

○ 민 대감(민영익閔泳翊)의 허 무감許武監[26]이 조선으로 돌아가는 편에 봉서封書를 올리고 아울러 집에 편지를 부쳤다.

○ 오스트리아(오지리奧地利) 총영사總領事가 물에 빠져 죽었다. 각국

---

24 《승정원일기》 고종 25년(1888) 4월 14일 자에 따르면, 민영선閔泳璇은 원래 민구호閔龜鎬의 둘째 아들이었지만 민태호閔台鎬의 후사가 되었다. 민영익閔泳翊은 민태호閔泰鎬의 아들이지만, 명성왕후의 오라비인 민승호閔升鎬에게 입양되었다.

25 주자朱子가 공풍鞏豐에게 답한 편지에, "새로 지은 시를 부쳐 주어 읽어 보니,…… 이 무더운 여름철을 만나 한문寒門에 날아올라 시원한 바람에 씻은 듯하다" 하였다. 《朱熹集》 卷64 答鞏仲至. 한문은 《초사楚辭》의 주註에 "북극北極에 있는 차가운 곳이다" 하였다.

26 무예별감武藝別監의 준말. 무예별감은 훈련도감 소속의 군관으로서, 별기군別技軍 중에서 뽑아 주로 호위扈衛와 궐문闕門 수직의 임무를 맡았다.

의 영사관領事館에서 반기半旗를 걸고 조문하였다.

7월 29일.

7월 30일. 맑음.

7월 31일. 맑음.

◯ 매우 더웠다.

◯ 협판協辦 윤치호尹致昊[27]와 부인 마씨馬氏[28]가 와서 만났다.

---

[27] 개화파의 일원이었던 윤치호(1866~1945)는 1884년 12월에 갑신정변이 실패하자 이듬해 1월에 일본을 거쳐 중국 상하이로 망명하였다. 1888년 9월에 미국으로 건너가 밴더빌트대학에서 공부하였고, 1893년 9월에 에모리대학을 졸업한 후에 다시 중국 상하이로 건너갔다. 그는 상하이 중서서원에서 1893년 11월부터 1895년 1월까지 영어 교사로 있었다. 1895년 2월에 귀국하여 총리대신 비서를 거쳐 학부 협판이 되었다.

[28] 윤치호는 1879년 15세에 강씨와 결혼하였으나 1886년에 사별하였다. 그는 1894년 3월, 마아이팡馬愛芳(1871~1905)과 재혼하였다.

8월

8월 1일. 맑음.

8월 2일.

8월 3일. 맑음.

○ 사과司果[29] 서상근徐相根[30]이 인천 본가本家를 향해 출발한다고 와서 작별 인사를 하였다.

8월 4일.

○ 아주 더웠다.

8월 5일. 맑음.

---

[29] 조선시대 오위五衛에 두었던 정6품의 군직軍職.

[30] 서상근은 사과, 감리 벼슬을 지냈고 인천의 부자였다. 《한국독립운동사자료》 7(안중근편Ⅱ) 〈안중근 및 공모혐의자에 대한 신문에 관한 건〉, "명치 42년(1909) 12월 2일. 감옥에서 경境 경시警視의 신문에 대한 안응칠의 제5회 공술 요지는 다음과 같다.……그 외의 한인으로는 서상근(사과·감리를 지내고 인천에서는 부자이며 이용익과 쌀장사를 하였으나 충돌하여 상해로 도주한 사람이다)을 방문하였더니 이 자는 국가적 관념도 아무것도 없고 자기는 자국에 있을 수가 없어 온 사람인데 이제 새삼 조선을 위해 운운하는 것을 들을 필요가 없다고 하고 매우 냉담한 자이다.……"

8월 6일. 맑음.

○ 미국 영사領事[31]와 미국인 갈난드(꺌난드)가 와서 만났다. 이 사람이 장차 미국으로 가는 데 동행하기로 약속하였다. 함께 주선해 주어 아주 다행이다.

8월 7일. 맑음.

○ 어제 옌타이烟台에서 보낸 전보를 받아 보고서 비로소 이씨李氏 성을 가진 동료 두 사람[32]이 온다는 기별을 알게 되니, 아주 위로가 되었다.

8월 8일. 반일半日은 비가 오고, 반일은 맑음.

○ 참서參書 이의담李宜聃[33]과 서기書記 이교석李敎奭[34]이 도착하였다.[35]

---

31 상하이 주재 미국 영사 견의간이다. 7월 21일 자 참조.

32 참서 이의담李宜聃과 서기 이교석李敎奭이다.

33 이의담은 1861년에 태어났으며 1882년 3월부터 1884년 8월까지 통리교섭통상사무아문에서 영어를 배웠다. 1896년 7월 15일에 주미공사관 3등 참서관에 임명되어 1899년 4월에 면직되었다.

34 이교석은 1896년 6월 26일에 주미공사관 서기생에 임명되어 1897년 5월 19일에 해임되었다. 이교석을 대신하여 이건호李建鎬가 임명되었으며 1898년 7월 12일에 해임되었다.

35 이의담과 이교석은 7월 29일에 서울을 출발하였다. 이들은 인천에서 일본의 증기선 겐카이마루玄海丸를 타고 지푸芝罘를 거쳐 상하이로 왔다.

8월 9일【음력 7월 1일】. 맑음.

○ 주사主事 이익채李益采[36]가 본국으로 돌아갔다.

○ 공무에 관한 서신과 개인적인 편지들을 부치고, 대내大內에도 전보를 올렸다.

8월 10일.

8월 11일. 맑음.

○ 민 진사閔進士[37]가 와서 만났다.

8월 12일. 맑음.

8월 13일. 맑음.

8월 14일. 맑음.

8월 15일. 이른 아침에 비가 오다가 저물녘에 맑음.

○ 오후 8시에 일본의 나가사키長崎島를 향해 출발하였다. 미국 영사가 미리 작은 증기선을 준비해 주어 바로 탑승하였다. 우숭커우吳淞

---

[36] 7월 16일에 이범진이 서울을 출발할 때부터 함께했던 이익채는 상하이까지만 동행하고 8월 9일에 본국으로 돌아갔다.

[37] 진사 민영선閔泳璇이다. 7월 25일에도 와서 만났다.

口[38]를 나가 곧바로 영국의 우편선에 증기선을 대었다. 우편선의 이름은 청국황후淸國皇后, 즉 엠프레스 오브 차이나(엠푸릭스옵푸촤이나, Empress of China)인데 하나는 일본황후日本皇后, 하나는 인도황후印度皇后로 부르는데, 이 배도 그중의 하나이다. 자정子正에 배가 출발한다.

○ 출발하는 배표船票와 철로표鐵路票【상하이에서 미국 워싱턴(화성돈華盛頓, Washington)까지이다.】는 상등이 2인으로 각각 358원元[39] 1각角 3푼分[40]이고, 소아 1인은 상등의 반액인 179원 6푼, 하등 1인은 275원 4각 8푼이다. 【원래 요금에서 사행使行이라 우대하여 특별히 10분의 2를 감하고 이 금액만 받았다.】 보이保伊에게 15원을 주었고, 쿠리【청소하는 사람】에게 10원을 주었다.

○ 자정에 배가 출발하였다.

8월 16일. 맑음.

○ 하루 종일 배가 운항하였다.

---

[38] 상하이의 관문인 우숭커우吳淞口 항.

[39] 1894년(고종 31)부터 1905년까지 사용하였던 조선의 화폐 단위. 1894년 7월에 공포된 〈신식화폐발행장정新式貨幣發行章程〉의 제7조에 본국 화폐와 동질同質·동량同量·동가同價의 외국 화폐를 국내에서 혼용하도록 허용하였다. 이때의 본위화폐本位貨幣인 5냥 은화와 동가로 당시 개항장에서 유통되고 있었던 외국 화폐는 중국의 1원元 은화, 일본의 1원圓 은화 등이 있었다. 이 중에서 중국의 원 은화가 채택되어 '원元'을 정식 화폐단위로 사용하게 되었다. 1894년 7월 16일 품봉월표品俸月表가 '원'으로 표시되었으며, 1896년의 세입세출예산서도 '원'을 단위로 하여 작성하였다.

[40] 1894년(고종 31) 7월에 제정한 〈신식화폐발행장정〉에서 우리나라는 은銀 본위제도를 채택하였으며, 화폐산식貨幣算式은 1냥兩=10전錢=100푼分으로 정하였다.

8월 17일. 맑음.

○ 오전 12시에 일본의 나가사키長崎島에 도착하여 정박하였다. 일찍이 9년 전에 내가 이 나라를 유람하였다. 연자매를 돌리는 나귀가 옛 궤적만을 답습한다고 하니[41] 모두 헛된 말은 아니니다.

○ 상하이에서 이곳 나가사키까지 440마일英里이다.

○ 오후 8시에 출발하였다.

8월 18일. 큰 바람이 불고 비가 옴.

○ 배 안의 사람들 중에 왝왝거리고 구토하는 자가 많았다. 나도 하루 종일 현기증이 나서 선실 문 밖으로 나가지 못하였다.

8월 19일. 맑음.

○ 바칸馬關(시모노세키)[42]【바로 이홍장李鴻章이 총탄을 맞은 곳이

---

41 새롭게 발전하지 못한 채 계속해서 똑같은 일만 반복하는 것을 비유하는 말이다. 소식蘇軾의 시 〈백부송선인하제귀촉시운伯父送先人下第歸蜀詩云〉에 "나의 생계가 졸렬하기 그지없어서, 연자매 끄는 나귀처럼 돌기만 하는 것을 비웃겠지應笑謀生拙 團團如磨驢"라는 말과 〈송지상인유여산送芝上人游廬山〉에 "돌고 도는 것이 연자매 끄는 소와 같아서, 걸음걸음마다 묵은 자국만 밟노라團團如磨牛 步步踏陳跡"라는 말이 나온다.

42 시모노세키下關의 옛 명칭. 1894년(고종 31) 조선에서 일어난 동학농민운동을 진압하기 위해 조선에 출병한 청·일 두 나라는 조선에 대한 영향력을 확대하기 위해 대립하였다. 일본은 청과 전쟁을 일으켜 전선을 만주까지 확대하였다. 청국은 연패를 거듭하자 1895년 2월 1일부터 휴전, 강화를 위한 협상에 들어갔다. 양국은 강화협상을 진행하여 4월 17일에 조인하고 5월 10일에 발효되었다. 정식 명칭은 '청일양국강화조약'이다. 일본의 도시 시모노세키를 따라 시모노세키 조약下關條約 또는 중국식 표기에 따라 마관조약馬關條約이라고도 한다.

다.[43]】을 지났다. 나가사키에서 이곳 바칸까지 400마일이다.

○ 오전 8시에 고베神戶 항구에 도착하였다. 바칸에서 이곳 고베까지 222마일이다.

8월 20일. 맑음.

○ 오후 8시에 요코하마橫濱에 도착하여, 앞바다에 닻을 내리고 정박하였다. 고베神戶에서 이곳 요코하마까지 350마일이다.

○ 주일공사駐日公使 이하영李夏榮,[44] 참서參書 고희경高羲敬,[45] 서기생書記生 이필영李弼榮과 유찬劉燦, 유람遊覽하러 온 사람 이명상李明翔이 내가 이곳에 도착했다는 소식을 듣고 이날 밤에 요코하마에 있는 여관인 니시무라야西村屋에 도착하여 명함을 보내 왔다. 즉시 회답하는 명함을 보냈다. 그대로 배 안에서 숙박하였다.

---

43 1895년 3월 20일부터 시모노세키下關(馬關)에서 이토 히로부미伊藤博文와 이홍장李鴻章이 일본과 청을 대표해 강화 회의를 다시 열었는데, 3월 24일에 이홍장 저격사건이 일어났다. 협상 회의를 마치고 숙소로 돌아가던 중 오야마 로쿠노스케小山六之助라는 일본 젊은이가 이홍장에게 총격을 가했다. 이홍장은 탄알이 왼쪽 광대뼈 아래를 뚫고 들어가 왼쪽 눈 밑에 박히는 중상을 입혔다. 크게 당황한 일본은 일왕의 어의를 보내 치료하였고 이토 히로부미는 정중히 사과하였다.

44 이하영李夏榮(1858~1919)은 1887년 박정양이 주미 공사에 임명되었을 때 서기관으로 발령을 받아 동행하였다. 그는 1889년에 박정양이 청나라의 외압으로 귀국하게 되자 서리署理로서 공사 직을 맡았다. 1896년에 주일 전권공사에 임명되었다.

45 고희경高羲敬(1873~1934)은 13세에 육영공원에 입학하여 신식 교육을 받았다. 1891년에는 과거에 응시하여 진사시에 합격하였다. 1894년 7월에 외아문 주사를 거쳐 1896년 5월에 일본공사관 참서관에 임용된 이후에는 주로 외교 직에서 활동하였다.

8월 21일. 맑음.

○ 주일 공사 이하영과 참서 고희경 등 여러 사람이 술을 가지고 왔다. 배 안에서 한나절 동안 진솔하게 대화하였다.

○ 대내大內에 전보를 올리고 집에 편지를 부쳤다.

○ 오전 11시에 미국의 동양 함대東洋艦隊 수사 제독水師提督 네야를 만나러 갔다. 차와 술을 마시며 환담하였다. 돌아오려 할 때 미국 군함에서 조선 국기國旗를 달고 예포禮砲를 열다섯 차례 발사하였다. 대략 몇 각刻[46] 후에 제독이 만나러 와 준 데에 대해 감사하다고 인사하러 와서 만났다. 차와 술을 마시며 작별 인사를 하였다.

○ 오후 3시 반에 태평양을 향해 출발하였다.

8월 22일. 맑음.

○ 이날 밤 배 안에 각국의 국기國旗를 나란히 걸었는데 마치 병풍을 두른 것 같았다. 서양 음악을 연주하였는데 그 소리가 웅장하고 둔탁하며 맑고 높았다. 서양 남녀가 뛰고 빙빙 돌며 박자에 맞추어 춤을 추었다. 한밤중이 되어서야 끝났다.

○ 이날은 322마일을 갔다. 북위 37도 15분, 동경 144도 49분이다.

---

46 하루를 12시간으로 하여 2시간을 시時라 하고 시의 8분의 1을 각刻이라 한다. 1각은 현재의 15분이다.

8월 23일【음력 7월 15일】.

○ 배가 운행한 지 비로소 3일째가 되었는데 냉랭한 기운이 살과 뼈를 파고드니, 북빙해北氷海[47]에 점점 가까워지기 때문이다. 한 하늘 아래 따뜻하고 차가운 기후가 잠깐 사이에 갑자기 달라지니 의아스럽다.

○ 이날은 354마일을 갔다. 북위 40도, 동경 151도 12분이다.

8월 24일. 음산한 비가 오고 바람이 붊.

○ 추운 기운이 점점 매서워지니 서양 남녀 중에 털옷을 입고 털모자를 쓴 사람이 많았다.

○ 이날은 354마일을 갔다. 북위 43도 8분, 동경 158도 12분이다.

8월 25일. 큰 바람이 불고 비가 옴.

○ 저녁 때가 되자 비바람이 조금 잦아들었다. 하루 종일 돛을 올려 운항하였는데, 배가 두레박처럼 파도를 따라 오르락내리락 거렸다. 사람들이 흔들려서 발꿈치를 붙이고 똑바로 서 있을 수가 없었다.

○ 이날은 340마일을 갔다. 북위 45도 32분, 동경 165도 22분이다.

---

47 북극해를 말한다. 북극권北極圈에 들어 있는 해양으로 북아메리카, 유럽, 아시아 대륙에 둘러싸인 해역이다.

8월 26일. 맑음.

○ 배가 6~7일을 운항하니, 완연히 나뭇잎은 떨어지고 하늘은 높으며, 기러기가 울고 귀뚜라미가 우는 기후이다. 소동파蘇東坡[48]가 이른바 "쓸쓸하여 슬퍼지고 숙연하여 두려워지며 오싹하여 오래 머무를 수 없었다."[49]고 하였으니, 이러한 날씨를 두고 한 말이 아니겠는가.

○ 이날은 358마일을 갔다. 북위 48도 4분, 동경 173도 17분이다.

8월 26일. 맑음.

○ 이날은 350마일을 갔다. 북위 49도 23분, 동경 178도 5분이다.

○ 오늘은 당연히 27일로 써야 하지만, 서양 사람들이 하루를 더해야 미국 경내에 도착하여 날짜에 착오가 없다고 한다. 시간을 계산해 보니, 우리나라보다 4시간이 빠르기 때문에 우리나라는 미정未正(오후 2~4시)이지만 이곳은 사정巳正(오전 10~11시)이다. 시간의 차이는 점점 쌓여 워싱턴에 도착하면 12시간의 차이가 난다. 우리나라와는 자정과 정오가 상반되니 우리나라의 25일 새벽은 미국의 24일 저녁이다. 그러므로 우리나라는 27일이지만 미국 날짜인 26일로 쓴 것이다. 대개 하루의 차이가 아니라 반나절의 차이에 불과하다. 그러나 미국 경내로 들어가므로 부득불 서양 달력을 기준으로 하고 우리나라 달력을 참고하여 사용하였다. 그러므로 26일을 두 번 쓴

---

48 중국 북송北宋 때의 시인 소식蘇軾(1037~1101). 호가 동파東坡인데 본명보다 호로 더 잘 알려져 있다.

49 소동파의 〈후적벽부後赤壁賦〉에 나오는 말이다.

다. 그러나 간지干支는 변하지 않으니 그 법칙이 아주 오묘하다.

8월 27일. 맑음.

○ 여기에서부터는 동서남북이 바뀌지 않은 바가 없고, 춥고 더운 것과 밤과 낮 역시 서로 반대되지 않은 것이 없다. 이 땅의 낮은 곧 우리나라의 밤이다. 서로 비교하여 헤아려 보는 것이 가장 좋다.

○ 이날은 350마일을 갔다. 북위 49도 35분, 동경 196도 7분이다.

8월 28일. 맑고 저물녘에 바람이 붊.

○ 이날은 362마일을 갔다. 북위 49도 43분, 동경 159도 48분이다.

8월 29일. 이른 아침에 흐리다가 저물녘에 맑고 저녁에 바람이 붊.

○ 이날은 352마일을 갔다. 북위 49도 36분, 동경 150도 43분이다.

8월 30일. 아침에 맑다가 저녁에 흐림.

○ 이날은 353마일을 갔다. 북위 49도 32분, 동경 141도 37분이다.

8월 31일. 맑음.

○ 이날은 362마일을 갔다. 북위 49도 14분, 동경 132도 22분이다.

9월

9월 1일. 맑음.

○ 배가 평온하게 항해하니, 매우 다행이다.

○ 이날은 363마일을 갔다. 북위 48도 20분, 동경 123도 30분이다.

9월 2일【음력 7월 25일】. 이른 아침에 흐리고 안개가 낌.

○ 진정辰正(오전 8~9시)에 두 나라의 경계에 도착하였다. 산 어귀의 남쪽은 워싱턴 주州(화성돈읍華盛頓邑, Washington State)[50]로 미국 영토이고, 북쪽은 밴쿠버 아일랜드Vancouver Island[51]로 영국 영토이다. 수목이 울창하고 산봉우리가 들쭉날쭉하니 참으로 경치 좋은 곳이었다.

○ 정오에 빅토리아[52] 항구에 정박하였다.

○ 이날은 만수성절萬壽聖節이다.[53] 배 안에 있어서 하례賀禮하는 의식을 거행하지 못하니 연모하는 마음을 견딜 수가 없다.

---

[50] 캐나다 국경과 맞닿아 있는 미국 태평양 연안 북서부에 있는 주州. 환드퓨카 해협을 사이에 두고 캐나다의 밴쿠버 섬과 마주하고 있다. 주도州都는 올림피아이며 최대 도시는 시애틀이다.

[51] 캐나다 밴쿠버 서쪽에 있는 섬.

[52] 밴쿠버 섬Vancouver Island의 남동단에 있는 도시. 캐나다 브리티시콜롬비아 주州의 주도이다.

[53] 고종의 생일인 만수성절萬壽聖節은 1852년 7월 25일이다. 고종 32년(1895) 11월 3일에 7월 25일을 양력 9월 8일로 하여 만수성절을 시행하도록 하였다. 그러나 이듬해 8월 21일에 다시 음력으로 변경하였다. 이범진은 음력에 따르고 있다.

○ 이날은 84마일을 갔다.

9월 3일. 이른 아침에 안개가 낌.

○ 안개 때문에 배를 운항할 수 없었다. 오전 9시 반에 비로소 천천히 출발하여 산을 끼고 운항하였다. 10시 15분에 밴쿠버(쏀큐버, Vancouver)【영국에 속한 땅이다.】에 이르러 정박하였다.

○ 이날 아침에 90마일을 운항하였다.

○ 오후 3시에 육지에 내려 철로鐵路에 승차하였다. 보이에게 15원, 음식을 만드는 사람에게 5원을 수고비로 주었다.

9월 4일. 맑음.

○ 어제 신초申初(오후 3~4시)부터 오늘 사초巳初(오전 9~10시)까지 열차로 운행한 것이 350마일이라고 한다.

○ 글레이셔(글나쉬어스, Glacier)에서 점심을 먹었고, 도널드(쓰날드, Donald)에서 잠시 정차하였다. 필드(퓔드, Field Hill)에서 저녁을 먹었다. 여기서부터 높고 큰 산이 철로 옆에 바싹 붙어 있고, 가파른 비탈길과 첩첩한 절벽길은 높고 뾰족함이 끊어지고 빠진 이빨 같았다. 이곳은 바로 진창陳倉[54]과 인각산釼閣山[55]처럼 험준하니, 두 공부

---

54 진창陳倉은 중국의 옹雍과 양梁 사이의 지역으로 한漢나라와 위魏나라 이래로 군사의 요충지였다. 삼국시대 촉蜀의 제갈량諸葛亮이 수만 명의 군사로 진창을 포위하였으나 위나라 장군 학소郝昭가 수천 명의 군사를 가지고 굳게 지켰기 때문에 20여 일 동안 온갖 방법을 다 동원하여 공격하였으나 끝내 이기지 못하고 철군하였다.

55 한漢의 왕량王良이 익주 자사益州刺史로 가다가 인각산釼閣山에 이르러 말을 돌리며,

杜工部[56]의 〈촉도난蜀道難〉[57] 한 편은 거의 실제 경치를 있는 그대로 그려 냈다고 할 만하다. 멀리 보이는 곳곳마다 우뚝 솟은 산봉우리가 하늘 위로 솟구쳐 있고 산꼭대기는 모두 흰 산이 아닌 것이 없었다. 모양을 비유하자면 쌓인 눈이 널리 펼쳐져 있는 것이 흰 비단을 가로로 걸쳐 놓은 것 같다. 산 이름을 물어보니 로키산(녹귀산碌鬼山, Rocky Mountains)이라고 한다. 그리고 여기에 폭포가 있는데 세계 최고의 명승지라고 한다. 내가 동양에 있으면서 구경한 폭포가 많으니 박연폭포朴淵瀑布, 구룡폭포九龍瀑布, 묘향산妙香山의 폭포들부터 홍류폭포洪流瀑布, 금류폭포金流瀑布와 일본의 형제폭포兄弟瀑布까지 두루 구경하였다. 그러나 이 산의 폭포는 처음 보는 것으로 사람의 마음과 눈을 씩씩하게 하니 참으로 기이한 광경이었다. 하물며 또한 이 산은 신령하여 금, 은, 보석과 석탄 등이 많이 생산된다. 밴쿠버(번공파蕃空波, Vancouver)와 샌프란시스코(상항桑港, San Francisco)의 부유함은 모두 이것 때문이다.

"어찌 부모가 준 몸으로 이런 험한 곳을 지나랴"라고 하였다. 그 뒤에 왕존王尊이 익주 자사로 가다가 이곳에 이르자 어자御者가 말하기를, "여기가 왕량이 말을 돌린 곳이오" 하니, 왕존이 어자를 꾸짖으며, "왕량은 부모를 위한 효자가 되었는데, 왕존은 나라를 위한 충신이 될 수 없으랴" 하고 이곳을 통과하여 부임하였다.

[56] 중국 당나라의 시인 두보杜甫(712~770). 공부 원외랑工部員外郎을 지냈으므로 두 공부로 불리었다.

[57] 중국 장안長安에서 촉蜀, 즉 지금의 쓰촨四川 지역으로 갈 때 지나는 잔도棧道로 이어진 길의 험난함을 노래한 악부樂府이다. 촉도난蜀道難은 두보가 아니라 이백李白(701~762)의 작품이다.

9월 5일. 맑음.

○ 세 끼를 모두 기차 안에서 먹었다. 지나가는 땅은 순전히 영국의 영역이다. 이 땅은 매우 춥고 황량하며 모든 풀이 다 누렇게 말라 서리가 내린 후의 기후 같다. 산과 들에 가득한 것은 푸른 삼나무와 백양목 등의 나무뿐이다. 오곡은 자라지 못하고 오직 보리, 밀, 감자, 포도 등을 심는다. 땅은 넓고 사람이 드문데, 가끔 삼나무로 만든 집이 암벽 사이에 있는데 태반을 흑인이 차지하고 있다.

9월 6일. 맑음.

○ 기차 안에서 아침을 먹었다. 위니펙(원늬벅그, Winnipeg)[58]에 도착하였다. 기차 안에서 점심과 저녁을 먹었다. 열차가 질주하니 도로 옆의 가는 모래와 돌이 거의 손가락 몇 마디 정도의 높이로 날렸다.

9월 7일【음력 8월 1일】. 새벽에 비가 오다가 아침에 맑음.

○ 잠시 익글늬씨(익싈늬씨)에 정차하였다. 위니펙으로부터 140마일이다. 길옆의 숲은 빽빽이 울창하여 하늘의 해를 가렸다. 매번 산불이 자주 발생하므로 미리 불을 놓아 숲을 태운다. 개간한 땅은 백에 한둘도 되지 않고 거주민은 매우 적다. 간혹 산을 뚫어 굴길을 만들었는데, 우리나라의 문수굴文殊窟, 금강문金剛門의 모양과 같다. 기차

58 캐나다 매니토바 주의 주도州都. 동서 교통의 요지인 동시에 미국과 통하는 철도의 중심지이다.

가 굴길 안으로 들어가면 온통 깜깜하여 갑자기 아주 가까운 곳도 분간할 수 없다. 한참 있다가 비로소 굴길 밖으로 나오면 햇빛이 다시 밝아진다. 길옆에 겹겹이 층을 이룬 산봉우리에서 매번 돌이 무너져 한꺼번에 쏟아지는 일을 염려하여 큰 나무를 베어 길 양쪽으로 초목이 우거진 것처럼 긴 터널을 만드니 열차가 그 가운데로 다니는데 이 또한 끝없는 칠흑 같은 밤의 광경인데, 잠깐 사이에 갑자기 낮이 되었다 밤이 되었다 한다. 이른바 어두워지고 밝아지는 변화라는 것과 산속 사계절의 풍경[59]이라고 말한 것과 가깝지 않겠는가.

○ 기차 안에서 아침을 먹었다. 포트윌리엄(풍트윌럼 Fort William)에 도착하여 잠시 정차하였다. 대략 수십 리를 가자 큰 바다가 보였다. 볼 수 있는 곳까지 멀리 바라보니 넓어서 끝이 없다. 그 안에 점점이 섬 봉우리가 마치 바둑알처럼 열 지어 있다. 물어보니 바다가 아니라 호수라 한다. 호수의 이름은 상등호上等湖, 즉 슈피리어 호(레익 쉬퍼리러, Lake Superior)라고 한다. 둘레가 2천여 마일이고, 영국과 미국 사이에 있으며, 범선과 증기선이 호수 안을 왕래한다. 호수 가운데 이르면 하늘과 물이 한 빛이고 망망하여 섬이 하나도 없다고 한다. 간간이 항구를 설치하고 토산물을 무역한다. 우리나라의 삼일

59 구양수歐陽脩의 〈취옹정기醉翁亭記〉에 "어둡고 밝아지는 변화를 보여 주는 것이 산 속의 아침저녁이다. 들에 꽃이 피니 향기 그윽하고 아름다운 나무는 빼어나 그늘이 무성하고, 바람과 서리는 높고 깨끗하고 물이 줄어들면 바위들이 모습을 드러내는 것이 산 속의 사계절 경치이다晦明變化者 山間之朝暮也 野芳發而幽香 佳木秀而繁陰 風霜高潔 水落而石出者 山間之四時也"라고 하였다.

호三日湖와 영랑호永郞湖, 청국의 팽려호彭蠡湖와 동정호洞庭湖는 다만 한 국자의 물일 따름이다. 〈자허부子虛賦〉[60]에 이른바 운몽택雲夢澤처럼 큰 호수 여덟아홉 개를 삼켜도 겨자씨보다 작다고 하였으니, 이 호수가 아니겠는가. 기차가 지나가는 길가의 좌우에는 전신국電信局, 정차장停車場, 요리점이 많은데, 기차역을 따라 안배하였으니 모두 철도회사가 설치한 것이라고 한다.

9월 8일. 새벽부터 폭우가 내리다가 아침에 맑고 화창함.
○ 지나는 곳마다 호수가 끝나면 산이 간혹 나타나고, 산이 다 지나가면 호수가 다시 나타난다. 혹은 산을 뚫어 굴길을 만들었으니 하늘과 해가 모두 어둡고, 혹은 나무를 가설하여 다리를 만들었으니 아래를 내려다보면 땅이 보이지 않는다.
○ 노스(노웃쓰, North)에서 잠깐 정차하여 아침을 먹었다. 밴쿠버에서 2542마일 거리이다. 오전 11시에 몬트리올(망우토이울, Montréal)[61]에 도착하여 잠시 정차하였다. 몬트리올은 영국의 총독總督이 주재하는 곳이다.[62] 큰 길이 매우 곧고 철도선이 거의 10갈래였다. 집들은 번쩍거렸으며 사람의 어깨가 스치고 수레의 바퀴가

60 중국 한漢나라의 문인인 사마상여司馬相如(B.C. 179~117)가 지은 부賦. "운몽과 같은 것 여덟아홉 개를 한꺼번에 집어삼키듯, 그 흉중이 일찍이 막힘이 없었다呑若雲夢者八九 於其胸中 曾不蔕芥"라는 표현이 나온다.
61 캐나다 퀘벡 주의 최대 도시이자 상업의 중심지이다.
62 영국의 캐나다 총독이 있는 곳은 오타와Ottawa이다. 이범진의 착오로 보인다.

서로 부딪칠 정도로 번화하였다. 기차의 속도는 너무 더딘 것을 아주 싫어하여, 전기로 차를 만들어 순식간에 스스로 운행하니 귀신이 움직이는 것 같고, 날쌘 것이 비바람 같아 따라잡을 수 없다. 오후 7시에 오타와(호타와, Ottawa)를 지났다. 로키(녹귀碌鬼, Rocky)[63]부터 그 아래의 지역은 가나다加郲多[64]【번역하면 캐나다(카나다)이다.】라고 통칭한다. 지방이 수천 마일이고 넓은 들이 광활하여 하늘까지 닿아 끝이 없다. 비록 중국의 등주登州와 내주萊州, 항주杭州와 절강浙江이 평평하고 넓다고 하나 오히려 그 사이에서 우열을 가리기 어려울 정도이다.

○ 밴쿠버(쎙큐버)부터 몬트리올까지 기차에서 3인의 침대칸 요금은 1인당 6원이었다. 뉴욕(뉴약紐約)에서 워싱턴(화성돈華盛頓)까지 1인당 좌석 요금은 3원 7각 5푼이었다.

9월 9일. 맑음.

○ 오전 9시 반, 싼풀익카에 이르러 미국 기차로 갈아탔다. 이곳은 영국과 미국의 국경이 나뉘는 곳이다. 기차는 달려 석촌石村을 지났다. 기차 안에서 점심을 먹었다. 오후 10시에 뉴욕에 도착하여 와우이호텔에서 숙박하였다. 아침과 저녁 식사는 1인당 금화金貨 4원 2

---

63 캐나다 로키산맥Canadian Rockies을 말한다.

64 캐나다는 대개 加拿大(가나대), 加那陀(가나타), 加奈陀(가나타), 加那太(가나태) 등으로 음역한다. 캐나다를 가나다加郲多로 음역한 것은 《미사일록》에만 나온다. 그리고 이범진은 Canada를 한글로 '카나다'로 표기하였다.

각 5푼인데 아주 좋은 음식이었다.

◯ 갈난드(깔난드)가 작별 인사를 하고 집으로 돌아갔다.

◯ 미국 서울(워싱턴)의 공사관에 전보를 보냈다.

◯ 이곳(뉴욕)에서 밴쿠버까지의 거리는 3400마일이다.

◯ 뉴욕의 풍경은 큰 바다가 주위를 에워싸고, 물을 가로질러 무지개 다리를 만들었는데 높이가 하늘의 반이나 되었다. 범선과 증기선이 다리 밑으로 왕래하였다. 다리 위로는 기차와 전차電車가 다니는데, 소리가 천둥 벼락 같고, 빠르기가 별똥별 같아 바라보면 마치 천상의 신선이 은하수다리를 날아서 지나가는 것 같았다. 집들은 빽빽하고 굉장히 큰데, 심지어 25층 높이의 건물도 있다. 파는 물건들이 운집하고 물산은 산처럼 쌓여 있으니 이곳은 세계 최대의 도회지都會地로 런던(륜돈倫敦, London), 파리(巴里, Paris)와 서로 백중이다.

9월 10일. 맑음.

◯ 오전 11시에 뉴욕을 출발하였다. 정차장에 이르러 잠시 머물렀다가 배를 타고 강을 건너갔다. 강 이름은 허드슨 리버(헛쓴의리발, Hudson River)인데, 강의 너비는 약 1리였다. 이곳에서 미국 서울(워싱턴)과의 거리는 400마일이다. 길가에 집들이 즐비하고 휘황찬란하였으니, 마을이 얼마나 많은지 알 수 없다. 땅은 비옥하여 오곡이 잘 익었다. 논밭을 갈고 씨를 뿌리며 김매고 거두는 것은 모두 기계로 한다. 소와 양은 가축이 쇠약해지는 병이 없으며 새와 짐승들은 날아가거나 도망치는 기색이 없으니, 대체로 모두 화기애애하고 스

스로 만족하니 더할 나위 없이 잘 다스려지고 있는 세상이라고 할 만하다.

○ 정오에 정차장에 도착하였다. 공사公使 서광범徐光範,[65] 참서參書 박승봉朴勝鳳,[66] 직부直赴[67] 서병규徐丙奎[68] 등이 정차장에 나와 기다

---

[65] 서광범徐光範(1859~1897)은 1880년(고종 17) 문과에 급제하였다. 1882년 4월 김옥균金玉均을 수행해 일본을 시찰하였고, 9월에는 수신사修信使 박영효朴泳孝의 종사관從事官으로 다시 일본으로 건너가 1883년 3월 귀국하였다. 같은 해 6월 보빙사報聘使 민영익閔泳翊의 종사관으로 미국과 유럽 각국을 순방하고 이듬해 6월에 귀국하였다. 1884년 12월 갑신정변에 참여하였으나 실패하자 일본으로 망명하였다. 1885년 5월 미국으로 건너가 뉴욕, 워싱턴에서 망명 생활을 하였으며 1892년에 미국 시민권을 획득하였다. 1894년에 청일전쟁이 일어나자 일본의 주선으로 귀국하였다. 1895년에 학부 대신學部大臣에 임명되었고, 12월 11일 주미특명전권공사로 발령받았다. 1896년 2월 고종의 아관파천으로 친일내각이 무너지자 부임한 지 7개월 만에 공사 직에서 해임되었다. 그 뒤 지병이었던 폐병이 악화되어 미국에서 사망하였다.

[66] 박승봉朴勝鳳(1871~1933)은 1895년 11월에 주미공사관 참서관에 임명되어 미국에서 4년 동안 외교관 생활을 하였다. 1898년 8월에 러시아·프랑스·오스트리아 공사관 참서관에 임명되었는데 한 달 후에 면직되어 귀국하였다. 이후 궁내부 협판宮內府協辦으로 있으면서 개화파들과 함께 조선의 개화를 이루려고 노력하였다. 1907년 이준 열사의 헤이그 만국평화회의 참석에 도움을 준 일 때문에 평안도 관찰사平安道觀察使로 좌천되었다. 이때 이승훈李承薰을 알게 되어 오산학교五山學校 설립에 기여하였다.

[67] 문과文科나 무과武科의 회시會試 또는 전시殿試에 곧바로 응시할 자격을 받는 것 또는 그런 사람을 가리킨다.

[68] 《학부거래문學部來去文》, 발신자 외부 대신 김윤식金允植·학부 대신 이도재李道宰, 1895년 11월 1일, "서병규가 작년에 미국에 유학하여 주미 공관에서 매월 50원씩 학자를 보조하였는데, 현재 주미공사가 갈 것인즉 주미 공관 경비도 부족하여 학자를 보조하기 어려울 뿐 아니라 외국에 유학하는 사람에 대해서는 학부에서 면려함이 타당하므로 미국에 유학하고 있는 황현모와 서병규의 학비를 올해 예산에 산입하는 게 가하겠기에 조회하니, 매원에게 매월 50원씩 마련하는 것을 각의에 제출한 후 명년도 예산에 마련하여 지급하기를 바람. 이상 조회".

리고 있었다. 악수하고 소감을 나누었다. 마차로 갈아타고 신초申初(오후 3~4시)에 공사관에 도착하였다. 우리나라의 학생 김헌식金憲植, 이희철李喜轍, 임병구林炳龜, 안정식安廷植, 여병현呂炳鉉, 이범수李範壽, 이하영李廈永[69]은 일찍이 일본의 학교에서 수업하였는데, 작년 8월의 사변[70] 후에 나라의 원수를 갚지 못하였으므로 같은 하늘 아래 살 수 없다고 하여 멀리 바다를 건너 미국으로 와 학교에서 수업하고 있다. 그 충성과 절의의 기상이 아주 가상하다. 이날 모두 와서 만났다.

○ 상세히 계산해 보니, 육로로 3830마일을 갔고, 수로로 6470마일을 갔으니 합계 1만 307마일이다. 우리나라의 이수里數【10마일은 우리나라의 30리이다.】로 계산해 보면 모두 3만 921리였다.

○ 살펴보건대 미국(미리견국美利堅國)은 북아메리카(북아미리가北亞米利加)에서 가장 큰 나라이다. 그 영토는 동쪽은 대서양에 이르고 서쪽은 태평양에 이르며, 남쪽은 가나마加拿馬와 이어지고, 북쪽은 영

---

69 일본신문 《요로즈朝報》 1896년 3월 1일 자, "경응의숙慶應義塾에 수학 중이던 임병구林炳龜(19), 이범수李範壽(24), 김헌식金憲植(27), 안정식安禎植(27), 여병현呂炳鉉(26), 이하영李廈榮(29) 6명은 지난달 27일에서 28일 사이에 동교 기숙사를 은밀히 빠져나와 미국 도항을 도모하였다.…… 박의기朴義氣라는 자도 성성학교成城學校에서 도주하여 행방불명인바 아마 7명은 모두 복장을 바꾸어 외국에 도항한 것 같다"; 《시사신보時事新報》 4월 17일 자, "지난 2월 경응의숙을 도망하여 미국에 도항한 유학생 6명은 밴쿠버에 도착하여 곤란한 처지에 있다고 한다. 6명은 작년 7월 중 일본으로 온 조선정부 유학생으로 미국 워싱턴시에 가는 자들로 두발을 자르고 양복을 입고, 재일조선공사로부터 재미공사 서광범에게 보내는 편지를 가지고 이달 11일에 밴쿠버에 도착하였다."

70 1895년 8월 20일(양력 10월 8일) 새벽에 일본이 자행한 명성왕후 시해사건을 말한다.

국(영길리英吉利)의 미개척지에 접해 있다. 인종은 대개 백인이고, 언어는 영국과 다르지 않다. 서력 1775년에 미국 사람들이 영국 왕의 폭압을 견디지 못하여【이 나라는 예전에 영국의 속국이었다.】 조지 워싱턴(야이일 화성돈惹爾日 華盛頓)을 추대하여 대장으로 삼아 군대를 일으켜 영국에 대항하였다. 모두 8년 동안 서로 이겼다 졌다 하다가 1781년 10월에 영국군이 모두 조지 워싱턴에게 항복하였다. 이때 프랑스(법국法國)와 스페인(서반아西班牙)이 연합하여 미국을 성원하였다. 이에 영국 상하가 깊이 후회하였다. 1783년 1월 20일, 영국과 미국 두 나라는 각각 사신을 프랑스의 서울인 파리에 파견하여 맹약盟約을 맺고 영구히 미국의 독립을 인준하였다. 그 후 토지를 점차 개척하고 인구도 점점 증가하여 45개 나라가 연합하였다.【즉 합중국合衆國이다.[71]】

도성都城의 인구는 25만이고, 거리는 영국 문자의 낱자 25자[72]로 표시하였다. 전국 인구는 6500만이고, 지방은 동서로 3000마일, 남북으로 2000마일이다. 면적은 309만 5245평방 마일이다. 8부部는 외부外部, 내부內部, 탁지부度支部, 우정부郵政部, 군부軍部, 수사부水師部, 법부法部, 농부農部이고,[73] 그 외에 고등재판소高等裁判所, 형사국

---

[71] 'United States of America'는 美利堅合衆國으로 표기되었다. 《해국도지海國圖誌》에는 미국을 아묵리가亞墨利加, 미리가美理哥, 아미리가亞美里加, 미리견美利堅·彌利堅·米利堅으로 표기하였다.

[72] 알파벳은 26자이다. 이범진의 착오인 듯하다.

[73] 박정양朴定陽은 《미속습유美俗拾遺》에서 8부를 국무부, 호부, 육군부, 해군부, 내무부, 체신부, 농무부, 형부 등으로 표기하였다. 《미사일록》과 대비해 보면 외부=국무

刑事局은 법부에 소속되어 있고 상공국商工局, 학무국學務局은 내부에 소속되어 있다. 또한 수도에 국회당國會堂【상의원上議院】과 민회당民會堂【하의원下議院】을 설치하였다. 수도는 옛날에 컬럼비아 주(고륜비아주古倫飛亞州)에 속했다. 서력 1800년에 대통령 토머스 제퍼슨(다마차비손多馬遮費孫, Thomas Jefferson)이 필라델피아(필라달피아匹羅達皮阿)에서 이곳으로 수도를 옮기고, 당초에 독립전쟁에서 공을 세운 조지 워싱턴의 이름을 따서 수도의 이름으로 하였다. 이 도시는 항구가 아니어서 물화와 인민이 샌프란시스코와 뉴욕 등지에 미치지 못하지만, 수도로 삼은 지 100여 년 사이에 건물이 세워지고 점포가 번성하며, 도로가 정비되고 마차와 말이 운집하니 참으로 서양의 큰 도회지이다. 와서 머무는 각국 공사公使가 30관館이나 된다.【각국이 19개국이고, 남미南美는 11개국이다.】 다른 나라 상인들이 수도로 들어와 장사하는 것을 허락하지 않으니 대개 자국 상인이 이익을 독점하게 하려는 각리榷利의 계책에서 나왔다.

◯ 시각은 우리나라와 비교하면 11시간 48분 39초의 차이가 난다. 지구의 도수로 이 나라는 177도에 있는데 거의 지름의 반이다. 이 땅은 열대에 가깝고, 우리나라는 온대와 열대 사이에 있다고 한다.

◯ 어진御眞과 예진睿眞(세자의 초상) 각 1본을 공사관의 정면 벽에 봉안하였다. 이곳은 공사 박정양朴定陽이 어진을 봉안하고 우러러보던

부, 내부=내무부, 탁지부=호부, 우정부=체신부, 군부=육군부, 수사부=해군부, 법부=형부, 농부=농무부 등과 같다.

곳이다. 우리나라 외도外道의 규례에 따라 매달 초하루와 보름에 망배례望拜禮[74]를 행하여, 조금이나마 임금을 그리워하는 마음을 폈다.

9월 11일. 맑음.

○ 오후에 공사公使를 교체하였다. 신임新任 공사가 공사관에 도착한 사유를 미국 외부에 조회照會로 보내고, 국서國書 부본副本 1통을 등사하여 보냈다. 또 우리나라 외부外部에 전보를 보냈다.

9월 12일. 이른 아침에 맑다가 낮에 비가 옴.

○ 갈난드(깔난듸)가 찾아와 만났다. 수만 리를 동행한 뒤라 반갑게 맞이하여 소회를 풀었다.

9월 13일. 맑음.

○ 대내大內에 전보로 아뢰었다.

○ 세 명의 동료[75]와 함께 마차를 타고 기념비紀念碑를 관광하러 갔다. 여기는 조지 워싱턴의 독립에 대한 공을 기념하는 곳이다. 【역어譯語로 워싱턴 기념비(와숭톤 만유먼, Washington Monument)이다.[76]】

---

74 지방 등 궁궐에서 멀리 떨어져 있는 신하가 국왕이나 황제를 상징하는 패牌 등을 설치하고 절하는 의식.

75 참서 이의담, 서기 이교석, 직부 서병규 등일 것이다.

76 1885년에 준공하였다. 높이 169m, 50개의 층계와 898개의 발판으로 된 철 계단이 내부 꼭대기까지 설치되어 있다. 엘리베이터를 타고 올라갈 수 있다. 동쪽에는 국회의사당과 스미소니언박물관이, 서쪽에는 링컨기념관과 그 뒤의 포토맥강을 넘어 알

비의 높이는 555피트[77]이다. 【이집트(애급국埃及國)의 피라미드(삼각총三角塚)와 그 높이가 서로 비슷하다고 한다.】 위는 좁고 아래는 넓은데 너비가 대략 10여 칸이다. 각국의 돌을 수집하여 쌓았다. 기념비의 가운데를 비워 놓고 철 기둥 4개【높이는 550여 자이다.】를 중간에 세우고 전기차電氣車를 매달았는데, 유람하는 사람들이 이 차를 타고 오르내리거나 혹은 철 계단을 통해 오르내린다. 철 계단의 제도는 철편鐵片에 횡으로 무늬를 새기고 매 계단마다 철편 17판을 앉혔다. 그 계단은 50층으로 많은 사람이 오르내릴 때 발자국 소리가 서로 울려 천둥과 벼락이 치는 것 같이 우렁차고 크다. 가장 높은 층에는 8개의 창을 설치하였는데, 바라다보면 화기花旗[미국][78]의 한 국면이 멀리 보인다.

○ 이어서 동물원[79]으로 향했다. 기이한 날짐승과 괴상한 길짐승을 모두 모아 놓았다. 날짐승은 앵무, 공작, 곤계鵾雞, 붉은 꿩, 두견새, 기러기, 부엉이, 독수리 등이 무리지어 있거나 따로 있는데 철망으로 가두어 놓았다. 길짐승은 승냥이, 호랑이, 표범, 이리, 곰, 영양,

---

링턴 국립묘지가 보인다. 남쪽에는 제퍼슨기념관이, 북쪽으로는 백악관이 있다.

77 원문에 척尺으로 되어 있으나 워싱턴 기념비의 높이는 555피트feet로 약 169m이다.

78 《해국도지》, 외대서양 미리견국즉육내토질국총기彌利堅國卽育奈士迭國總記에, "광동 사람들은 미국을 화기국花旗國이라 부른다"고 하였다.

79 워싱턴 D.C.에 있는 미국 국립 동물원National Zoo이다. 이 동물원은 1890년에 스미스소니언 협회가 포토맥강 지류인 록 크리크 계곡의 울창한 삼림 지역에 66만㎡의 규모로 세웠다. 외국에서 많은 진귀한 종들을 기증받았으며 400종 이상의 동물 2000여 마리가 있다.

노루, 토끼, 순록, 사슴, 코뿔소, 코끼리 등이다. 중간에는 넉 자나 되는 사냥개가 으르렁거리고 짖고, 열 길이나 되는 낙타가 턱밑 살을 드리운 채 산처럼 서 있고, 사자는 크고 사나우며 거치니 사람을 쳐다보며 기운을 뿜어 내니 눈빛이 횃불 같았다. 이른바 떨쳐 일어나 포효하니 온 짐승의 뇌가 찢어진다는 말이[80] 아니겠는가. 또 거의 10칸이나 되는 빈 창고가 있는데 쇠사슬로 덮어 놓고 마음대로 왔다갔다 하며 먹고 쉬게 하였다. 또 뱀과 살무사, 대망大蟒 등은 힘이 넘치고, 꿈틀꿈틀 기어가며 오래된 나무 등걸 위를 둘러 감고 있었다. 청사青蛇는 여러 마리가 유리갑 안을 다닌다. 머리가 두 개 달린 뱀은 그 꼬리가 머리 같지만 머리보다 작고 입이 있어 끼룩끼룩 소리를 내니, 이것이 상산常山의 솔연率然[81]이 그 머리를 공격하면 꼬리가 덤벼든다는 것이 아니겠는가. 파사巴蛇는 코끼리를 삼키고 3년 만에 그 뼈를 뱉는다고 하였다.[82] 복어, 새우, 자라 등은 더러운 연못에서 헤엄치며 논다. 악어의 크기는 거의 몇 길이고 색은 검고 주둥이에는 큰 이빨이 들쭉날쭉하게 나 있으니, 퇴지退之(한유韓愈)가

---

80 《증도가證道歌》에, "사자후와 같은 두려움 없는 설법이여. 온갖 짐승들은 그 소리를 듣고 모두 뇌가 찢어진다師子吼 無畏說 百獸聞之皆腦裂"고 하였다.

81 《손자병법孫子兵法》 구지九地 편에, "용병을 잘하는 장수는 비유하면 솔연率然과 같다. 솔연이란 상산常山에 사는 전설의 뱀으로 머리를 공격하면 즉시 꼬리가 덤비고, 꼬리를 치면 즉시 머리가 덤비며, 가운데 허리를 치면 머리와 꼬리가 동시에 덤벼든다故善用兵者, 譬如率然, 率然者, 常山之蛇也. 擊其首則尾至, 擊其尾則首至, 擊其中則首尾俱至"고 하였다.

82 《산해경山海經》 해내남경海內南經에 나온다.

말한 조주潮州의 우환[83]이라는 것이 대개 이것이다. 천만 가지 기괴한 것들을 다 기록할 수 없다. 날이 저물어 문을 닫으니 다 돌아보지 못하고 돌아왔다.

9월 14일. 이른 아침에 흐림.

○ 대신大臣 서광범과 함께 외부外部[84] 제2협판協辦 에디(에드)를 만나고 돌아왔다.

9월 15일. 이른 아침에 흐리고 저물녘에 천둥 치며 비가 옴.

○ 공사관의 서책, 기명器皿, 침구, 탁자 등을 장부와 대조하여 점검하고 수효를 확인하였다.

9월 16일. 맑고 화창함.

9월 17일. 새벽에 비가 오고 아침에 흐리다 낮에 맑음.

9월 18일. 맑음.

---

83 한유韓愈가 조주 자사潮州刺史로 좌천되어 떠나기 전에 올린 〈조주자사사상표潮州刺史謝上表〉에, "조주로 가는 길이 겨우 2000리라고 하지만 왕래하는 데 모두 한 달이 넘게 걸리고, 해구海口를 지나 악수惡水로 내려가면 파도가 거칠어 노정을 기약할 수 없고, 돌풍과 악어의 우환을 예측할 수 없다"라고 하였다.

84 미국의 국무부를 이범진은 외부外部로 표기하였다. 이하 동일하다.

○ 동료 둘[85]과 함께 마차를 타고 박물원博物院, 즉 뮤지엄(미유시음, museum)으로 향했다. 우리나라에서 난 파주坡州 죽엽석竹葉石 한 조각【그 모양은 타원형이고, 무늬는 저절로 생긴 것으로 마치 죽엽 같아서 사랑스럽다.】을 가지고 가서 박물원을 관장하는 자에게 기증하였는데, 한산寒山에도 말할 만한 것이 있다[86]는 것을 증명하려는 것이다. 박물원의 길이는 대략 100여 칸이고, 너비는 길이의 반쯤 된다. 유리로 하나하나 갑을 만들어 고금의 진기하고 기이한 물건을 많이 저장하였다. 문방文房의 보물, 완호玩好의 도구, 일상에서 쓰이는 물건 등 모으지 않은 것이 없었다. 벌레, 물고기, 새, 짐승 등 사납고 꿈틀거리는 것들, 옥석玉石, 수정水晶, 종유석鐘乳石 등 영롱하고 반짝반짝 빛나는 형상과 각국 사람들의 소상塑像과 죽은 사람의 해골, 전체를 소렴小斂한 시신, 허리뼈, 관棺과 곽槨, 그리고 벌레, 물고기, 새, 짐승의 뼈가 산처럼 쌓여 있었다. 악어, 고래, 뱀, 코끼리의 뼈는 크기가 수레 한 채만 한데 측면에 종횡으로 세워 놓아 전체를 다 헤아릴 수 없었다. 한 곳에 이르니 우리나라 사람의 소상이 서 있는데 절풍립折風笠, 망건, 푸른색 도포, 백피혜白皮鞋, 속대束帶, 엽영獵纓을 착용하였고 눈동자가 살아 있는 것 같이 변함이 없었다. 금

85 참서 이의담과 서기 이교석일 것이다.

86 중국 남북조南北朝 시대에 유신庾信이 북방에 사신으로 갔다가 돌아왔는데, 여러 문사들이 북방의 문장을 물었더니, 답하기를, "한산사寒山寺에 한 조각 돌이 이야기할 만하고 그 나머지는 모두 당나귀 울고 개 짖는 소리와 같다" 하였다. 그것은 온자승溫子昇이 지은 한산사의 비문碑文만이 문장이 볼 만하다는 말이다. 여기서는 조선에도 박물원에 전시할 만한 것이 있다는 의미이다.

관조복金冠朝服, 의대衣襨, 기명器皿과 가구家具까지 옆에 놓아 두었다. 청국淸國은 따로 국局 하나를 두어 보관하였다. 순사巡查 한 사람이 따라다니면서 손상을 막았다.

○ 박물원 문을 나와 마차를 타고 노병원老兵院, 즉 솔저 홈(솔져홈, Soldier Home)으로 향했다. 탁자와 옷가지, 식기 등이 모두 갖추어져 있었다. 날이 저물어서야 돌아왔다.【남부 미국인들은 흑인을 사 와 노비로 삼고 노비가 많은 것을 부자로 여겼다. 북부 미국인들은 사람을 사서 노예로 삼는 것은 금수와 다르지 않다고 여겨 야만의 풍속이라 하였다. 이 때문에 전쟁이 일어나 북부군이 한바탕 전쟁하여 이겼으며 흑인을 모두 속전贖錢을 내고 천민에서 벗어나게 하였다. 그 전쟁에 나갔던 병사들을 위해 노병원을 세워 봉양하여 그들의 공로를 보상하였다.】

9월 19일. 맑고 화창함.

9월 20일. 맑음.

○ 서광범徐光範과 동료 두 사람과 함께 마차를 타고 오후에 화투원畵鬪院을 보러 갔다. 화투원의 규모는 10여 칸으로 위에는 둥근 무대를 설치하여 2층의 사다리를 놓았다. 계단을 올라가는 사이에 몹시 껌껌하여 한밤중 같았다. 상층에 이르자 탁 트이고 밝아졌다. 사람들이 25전을 내고 난 뒤에 입장을 허락하였다. 올라가 바라보니 수백 리 산천의 시내와 연못, 언덕과 습지, 초목, 짐승, 농토와 성곽,

집 등이 뚜렷이 보여 눈앞에 있는 것 같다. 가운데에는 아주 큰 전쟁터가 펼쳐져 있는데, 이는 미국 남·북 양국의 병사가 많은 사상자를 낸 큰 전투의 모습이었다. 몇 만 명이나 되는 장사壯士들이 각자 말을 타고 손에는 총을 들고 일제히 쏘니 연기가 하늘에 자욱하고 흙먼지가 온 땅에 가득하였다. 혹은 말에서 내려 주먹을 휘두르고 발길질을 하면서 직접 맞붙어서 싸우는 사람도 있고, 혹은 군복은 찢어지고 무기는 부서져 황급하게 도주하는 사람도 있으며, 혹은 탄환에 맞아 땅에 엎어져 검붉은 피를 흘리는 사람도 있고, 혹은 수레를 몰고 곧바로 전진하며 곡식의 이삭을 짓밟기도 하였다. 남군 병사의 옷은 자주빛에 붉은색이고, 북군 병사의 옷은 청흑색이었다. 양쪽 진영이 반원형으로 진陣을 쳐 서로 마주보고 땅과 하늘처럼 나뉜 형세가 정연하여 문란하지 않으며 쌓아 놓은 건초더미는 산처럼 높아 우뚝하며, 설치한 장막은 들판을 넓게 뒤덮었다. 앉고 일어나고 전진하고 후퇴하는 질서, 침묵하거나 큰소리로 꾸짖는 형상, 앞장선 군대는 날카로운 기세로 진군하고 후군도 대열의 끝을 굳세게 지키며 징소리에 맞춰 퇴각하고 북소리를 듣고 진군하는 형상 등을 아주 비슷하게 그려 내어 매우 정밀하니, 거록鉅鹿의 들판[87]에 들어간 것 같았다. 벽을 따라가며 보니, 한퇴지韓退之의 〈화기畵記〉[88] 한

---

87 항우項羽가 진秦나라 장한章邯의 군대를 격파한 곳.

88 한퇴지韓退之는 당唐나라의 문장가 한유韓愈로 퇴지는 자字이다. 그가 지은 〈화기畵記〉는 고금의 인물을 그린 그림을 보고 군사 등 여러 인물과 말 등 동물의 모습을 생생하고 사실적으로 묘사한 글이다.

편으로는 만분의 일도 형용하기에 부족할 듯하였다.

○ 의사당議事堂으로 향했다. 대문 안의 뜰과 건물이 크고 넓었다. 책을 보관하는 건물(국회도서관)은 흰 옥석으로 주춧돌을 만들고 황금으로 끝을 장식하고 꽃무늬 벽돌을 바닥에 깔았는데, 참으로 장관이었다. 해가 저물어 돌아왔다.

9월 21일【음 8월 15일】. 맑음.

○ 이날은 우리나라 달력으로 가배일嘉俳日(추석)이다. 몸은 아득히 먼 곳에 있으나 나라를 그리워하고 고향을 그리워하는 마음은 몹시 간절하다.

○ 학무총재學務總裁 닛톤이 왔다. 나이가 많고 학문이 넓고 해박한 사람이라 한다.

9월 22일. 이른 아침에 흐리고 낮에 비가 옴.

○ 선교사 핏쎠어가 와서 만났다. 그는 언더우드(원두우元杜尤, Horace Grant Underwood)[89]의 선생이다.

---

89 언더우드Horace Grant Underwood(1859~1916)는 영국 런던에서 출생하여 1872년 미국으로 이주하였다. 1881년 뉴욕대학교, 1884년 뉴브런즈위크New Brounswick 신학교를 졸업하고 목사 안수를 받았다. 1885년 미국 북장로교의 요청을 받고 4월 5일 감리교 선교사 아펜젤러Henry Gerhard Appenzeller와 함께 인천에 도착하였다. 1887년에 새문안교회를 설립하였고, 1889년 한국예수교성교서회를 창설하여 성서를 번역·간행하였다. 1897년에는 《그리스도 신문》을 창간하였다. 1906년 4월, 그는 오랫동안 조선에 주재한 공로로 고종으로부터 태극장太極章을 하사받았다.

9월 23일. 맑음.

○ 학생 임병구林炳龜, 여병현呂炳鉉, 이범수李範壽, 이하영李廈永이 장차 영국과 프랑스 두 나라를 유람하러 간다고 모두 와서 이별을 고하였다. 세상을 위해 공을 세우고자 하는 큰 뜻이 매우 가상하다.

9월 24일. 맑음.

○ 마차를 타고 오후에 사진관에 가서 아내와 아들 위종이 작은 사진을 찍었다.

○ 이어서 관어관觀魚館으로 향했다. 네 벽을 유리로 큰 상자처럼 만들어 무수한 물고기와 자라를 종류별로 그 안에서 기르고, 수초와 수포석水泡石, 마름과 가시연 등을 중간 중간에 심어 놓아, 호수濠水, 복수濮水[90]와 같은 강호江湖와 다름이 없었다. 물고기를 기르는 사람이 작은 그물에 작은 미꾸라지 같은 물고기를 담아 가지고 와서 서너 개씩 던지면 수많은 물고기가 지느러미를 흔들며 앞다투어 달려와서 마침내 작은 고기를 남김없이 다 먹어 버린다. 지금 세계의 형세가 큰 것이 작은 것을 먹는 것과 다름이 없으니, 자연히 감흥이 없지 않았다. 날이 저물어 공사관으로 돌아왔다.

---

90 호수濠水와 복수濮水는 중국에 있는 강 이름이다. 《장자莊子》 〈추수秋水〉에 초왕楚王의 사신을 물리치고 복수에서 낚시를 했던 장자의 고사와, 친구 혜시惠施와 함께 호수濠水의 다리 위에서 물고기가 뛰노는 것을 즐겼던 장자의 고사가 실려 있다. 여기서는 관어관의 모습이 강이나 호수 같다는 말이다.

9월 25일.

9월 26일. 맑음.

○ 이날은 대행 왕후大行王后[91]께서 승하昇遐하신 날이다. 애통한 마음을 견디지 못하여 전보로 대내大內에 문안하였다.

9월 27일.

9월 28일. 맑음.

9월 29일. 종일 비가 옴.

○ 밤에 큰 바람이 불어 큰 나무가 뽑히고 집이 흔들렸다. 한밤중이 되어도 잠을 잘 수가 없으니, 아, 두려워할 만하다.

9월 30일. 맑음.

---

91 고종의 비 민씨閔氏(1851~1895)로 1895년 음력 8월 20일 새벽, 경복궁 안에 있는 건청궁乾淸宮의 옥호루玉壺樓에 난입한 일본 낭인들의 손에 처참하게 시해당하였다. 후에 명성明成이라는 시호를 받았다.

10월

10월 1일. 맑고 따뜻함.

○ 오늘 아침부터 비로소 조선 음식을 만들어 먹었다.

10월 2일.

10월 3일.

10월 4일.

10월 5일.

10월 6일. 맑음.

10월 7일. 맑음.

○ 음력 9월 1일이다. 두 명의 동료와 함께 아침 일찍 망배례望拜禮를 거행하였다.

10월 8일.

10월 9일. 맑음.

○ 대통령[92]이 피서지避暑地에서 돌아왔다고 한다.

○ 이날은 내 생일이다.[93] 낳아 주고 길러 주신 부모님 생각이 많아 진다.

10월 10일. 맑음.

10월 11일. 이른 아침에 흐리고 저물녘에 비가 옴.

10월 12일. 가랑비.

10월 13일. 흐림.

○ 우편으로 집에서 온 편지를 받았다.

○ 미국 외부의 조회照會가 왔는데, 내일 정오에 국서를 봉정奉呈하기로 한다는 내용이었다.

---

[92] 그로버 클리블랜드Stephen Grover Cleveland(1837~1908)이다. 그는 제22대(1885~1889)와 제24대(1893~1897) 대통령을 역임하였다. 대통령大統領은 president에 대한 번역어로 1860년대 초부터 일본에서 등장하기 시작하였다. 1881년 4월에 신사유람단의 일원으로 일본에 다녀온 이헌영李鑢永이 쓴《일사집략日槎集略》(음력)6월 10일 자 기록에, "신문에 미국 대통령【국왕을 말한다】이 총에 맞아 해를 입었다고 한다新聞紙 見米國大統領【卽國王之稱】 被銃見害云"라고 하였다. 이헌영은 1881년 7월 2일 미국 대통령 가필드James A. Garfield가 총격을 당한 사건을 일본에서 신문을 통해 보고는 대통령을 국왕으로 파악했다.

[93] 이범진은 1852년 음력 9월 3일생이다.

10월 14일. 아침에 맑다가 저물녘에 비가 옴.

◯ 정오에 참서관參書官 이의담李宜聃이 국서를 담은 함을 받들고 앞차에 있고, 공사는 가운데 차에, 서기생書記生 이교석李教奭은 뒤차에 있었다. 복색은 오사모烏紗帽, 오각대烏角帶, 흑단령黑團領, 목화木靴를 착용하였다. 함께 미국 외부外部에 가니, 외부 대신 올니(알은네)가 나와 맞이하고 명첩名帖 3편을 주었다. 드디어 모두 함께 가서 대통령 관저의 안쪽에 있는 문앞에 도착하여 마차에서 내렸다. 외부 대신이 앞에서 인도하여 같이 들어가 접객소에 이르러 차례대로 섰다. 잠시 후에 대통령이 나와서 섰다. 공사가 몇 걸음 앞으로 나가 한 번 머리를 숙여 인사했다. 대통령 역시 머리를 숙여 답례했다. 외부 대신이 대통령 왼쪽에 섰고, 공사는 오른쪽에 있었다. 이어 축사를 읽었다.

> 대조선국 특명전권공사特命全權公使 이범진李範晉은 우리 대군주 폐하의 명을 받아 국서를 받들고 와서 삼가 대미국大美國 대백리새천덕大伯理璽天德[94](대통령)에게 올려 두 나라의 우의를 더욱 돈독하게 하고, 이어 이곳에 주재하려 합니다. 대백리새천덕께서는 큰 복이 한량없고 영원토록 나라가 태평하기를 공경히 축원합니다.

읽기를 마치자 참서관이 공사에게 국서를 받들어 전하였고, 공사가

---

94 백리새천덕伯理璽天德은 president의 음차이다. 1882년(고종 19)에 체결된 조미통상수호조약 제1조는, "대조선국 군주大朝鮮國君主와 대미국 백리새천덕大美國伯理璽天德"으로 시작된다. 백리새천덕보다는 대통령이라는 호칭이 더 널리 사용되었다.

대통령에게 받들어 올렸다. 대통령이 직접 받아서 외부 대신에게 주었다. 대통령이 답하는 축사를 읽었다.

미스터(미시터, Mr.) 공사께. 대조선국 대군주 폐하께서 귀 공사를 합중국 정부에 주재할 특명전권공사로 임명하신 국서를 귀 공사의 손에서 내가 기쁜 마음으로 직접 받았습니다. 존귀하신 폐하께서 양국의 우의를 돈독하게 하려고 생각하시어 우호를 계속하여 폐하지 말도록 하시는 것이 나의 마음에 지극한 기쁨입니다. 내가 귀 공사께 약속하노니 귀 공사가 이곳 경성(워싱턴)에 주재하는 동안 서로 우의를 친밀하게 하여 양국이 화평하기를 희망하며 내가 귀 공사를 기쁘게 만나노라.

축사 읽기를 마치고, 공사 이하와 모두 악수하여 예를 행하였다. 이어 대통령이 묻기를, "박정양朴定陽 공사는 몇 년 전에 병으로 환국하였는데, 지금 살아 있습니까?"라고 하였다. 공사가 대답하기를, "무탈하며 현재 내부 대신內部大臣이 되었습니다."라고 하였다. 대통령이 말하기를, "지난번에 사신使臣이 왔을 때 이미 대단히 친목하였고 지금 또 공사가 이곳에 오니 더욱 기쁩니다. 처음에 조약을 맺을 때처럼 한결같이 영구히 친목하기를 바랍니다.……"라고 하였다. 공사가 답하기를, "감사하고 감사합니다."라고 하였다. 대통령은 또 공사 이하 3인과 악수하며 인사하였다. 순서대로 물러나왔다. 서광범 공사는 병으로 인해 교체에 대한 서신을 직접 올리지 못하고, 신임 공사가 같이 올렸는데, 미국 외부外部에서 예전에 이미 그러한 사례가 많다고 한다.

○ 미정未正(오후 2~3시)에 마차를 타고 각 부部의 장관長官 여덟 곳과 부통령副統領, 재판장裁判長을 방문하였다. 외부 장관 리차드 올니(르리와드 알으네, Richard Olney), 농부農部 장관 스털링 모튼(스털잉 모튼, Julius Sterling Morton), 우정부郵政部 장관 윌리엄 윌슨(월렴 윈슨, William Lyne Wilson), 수사부水師部 장관 힐러리 허버트Hilary Abner Herbert, 군부軍部 장관 다니엘 라몬트(띤열 라몬트, Daniel S. Lamont), 탁지부度支部 장관 존 칼라일(존 지 칼나, John G. Carlisle), 내부內部 장관 데이비드 프란시스(써버드 뿌란스이스, David R. Francis), 법부法部 장관 저드슨 하몬(져드슨 하몬, Judson Harmon), 대법원장 풀러(풀어, Melville Weston Fuller), 부통령 애들라이 스티븐슨(에드라이 시틔분슨, Adlai Ewing Stevenson)이다. 명함을 뉴욕 본가로 보냈다.

○ 각국 공사관은 29곳이다. 영국英國 공사 줄늬안푼스푼, 프랑스(법국法國) 공사 팻틔넛트리, 이탈리아(의국義國) 공사 뜨파바, 독일(덕국德國) 공사 믹스본뜰몬, 멕시코(묵서가墨西哥) 공사 로메로(던밋듸어스로미로), 네덜란드(늬덜닌스) 남미南美 공사 우얼그컬는, 터키(토이기土耳其) 공사 매부르늬베, 남미 브라질(부레이실) 공사 민덩거, 남미 콜롬비아(컬럼비아) 공사 딘호셰, 필리핀(비리시非利是) 공사 셰잇트, 스웨덴(서전瑞典) 공사 그림스, 남미 과테말라(코터멸나) 공사 던인톤이오, 남미 칠레(췰네) 공사 딴칸나, 청국淸國 공사 양유楊儒, 남미 베네수엘라(빈늬수얼나) 공사 호셰인드리드, 오스트리아(오지리奧地利) 공사 본힝거보러, 남미 온두라스(헌드래스) 공사 썬안리거, 스위스(서사

瑞士) 공사 피오더, 스페인(서반아西班牙) 공사 썬들노미, 덴마크(정말丁抹) 공사 콘시탄튼뿌론, 하와이(포와布哇)[95] 공사 힛취, 남미 에콰도르(에퀴도야) 공사 써카보, 러시아(아국俄國) 공사 이듸컷시보, 포르투갈(포도아葡萄牙) 공사 선토트러소, 남미 아르헨티나 공화국(아젼틘이포불닉, Argentine Republic) 공사 미오로, 일본 공사 호시 도루星亨, 남미 코스타리카(코시터릭카) 공사 썬칼보, 남미 도미니카 공화국(도미늬칸이포불릭, Dominican Republic) 공사 우어스위킬, 남미 아이티(헤이틔, Haiti) 공사 레거 등이다. 그 집에 도착하여 애당초 하차하지 않고 단지 문 밖에서 명첩名帖을 들여보내고 돌아왔다.【명첩은 매 편마다 위쪽 모퉁이에 '들어가지 못함을 사과합니다'라고 박는다.】이것은 모두 각국(에) 공통되는 규례이다.

○ 국서를 봉정한 사유를 우리나라 외부에 전보로 알렸다.

10월 15일. 맑음.

○ 프랑스 공사 팻틔닛트리가 명함을 주고 갔다. 브라질 공사 민덩거가 와서 만났다. 멕시코 공사 로메로(던밋듸어스 로미로)가 와서 만났다.

10월 16일. 맑음.

---

[95] 태평양의 중앙부에 위치하며 8개의 큰 섬과 많은 작은 섬으로 이루어져 있다. 왕국, 공화국을 거쳐 1898년 미국에 합병되었고 1959년에 주州로 승격되었다.

○ 일본국 공사 호시 도루, 청국 공사 양유, 베네수엘라 공사 호세인드리드, 수사부 장관 힐러리 허버트, 네덜란드 공사 우얼그컬는, 온두라스 공사 썬안리거, 칠레 공사 딴칸나, 코스타리카 공사 썬칼보, 오스트리아 공사 본힝거보려가 명함을 주고 갔다.

10월 17일. 맑음.

10월 18일. 맑고 조금 추움.

10월 19일. 맑음.

10월 20일. 맑음.
○ 이탈리아 공사 뜨파바, 포르투갈 공사 선토트러소가 명함을 주고 갔다.

10월 21일【음력 9월 15일】. 맑음.
○ 아침 일찍 여러 동료와 함께 망배례를 거행하였다.
○ 스페인 공사 두보이, 러시아 공사 코씨부, 콜롬비아 공사 린지포가 명함을 주고 갔다.

10월 22일. 맑음.
○ 스웨덴 공사 그림스가 명함을 주고 갔다.

○ 우편으로 집에 편지를 부쳤다.

10월 23일. 이른 아침에 흐리고 밤에 비가 옴.

○ 터키 공사 버이(쌔이)가 명함을 놓고 작별하고 갔다.

○ 오후에 해군 대신 힐러리 허버트에게 감사하다는 뜻을 전하러 갔는데 집에 없었다. 스무 살 정도의 딸이 객당客堂에 나와 영접하였다. 세계의 일에 대해 이야기를 나누었는데 남자보다 도리어 나았는데, 학문을 열심히 익혔기 때문이다. 그러므로 각 아문衙門의 서기書記 등 관료로 있는 여인들 역시 급여를 받고 하루도 빠짐없이 매일 아문에 출근한다고 한다.

○ 외부 대신 올니가 명함을 주고 갔다.

10월 24일.

10월 25일. 맑음.

○ 브라질 공사 민덩거와 베네수엘라 공사 호셰인드리드를 가서 만나고 돌아왔다.

10월 26일. 맑음.

○ 오후에 영국, 프랑스, 일본 세 공사를 가서 만나고 돌아왔다. 터키의 새로 부임한 공사 버이(모스타파버이)가 명함을 주고 갔다.

10월 27일. 맑음.

○ 농부農部 대신 스털링 모튼이 명함을 주고 갔다.

○ 영국 공사와 러시아 공사가 만나러 찾아왔다.

10월 28일.

10월 29일. 맑음.

○ 덴마크 공사 불언이 명함을 주고 갔다.

○ 일본 공사 호시 도루가 찾아와 만났다.

10월 30일. 맑음.

○ 체신遞信 대신 윌리엄 윌슨이 명함을 주고 갔다.

10월 31일. 맑음.

○ 이날은 대행 왕후大行王后의 탄신이다. 서광범과 두 동료와 함께 망배례를 거행하였다.

○ 청국 공사 양유[96]가 명함을 주고 갔다.

---

[96] 1893년부터 1896년까지 주미공사를 지냈고 1896년 말에 러시아 공사로 임명되었다. 1900년 7월에 러시아가 만주 전역을 점령하자 청은 러시아와 협상하였는데 1900년 9월에 봉천 장군奉天將軍 증기增祺가, 1901년 2월에는 러시아 주재 중국 공사인 양유楊儒가 교섭하였다.

11월

11월 1일 맑음.

○ 베네수엘라 공사 호세인드리드가 찾아와 만났다.

○ 우편으로 공무에 관한 서신과 사적인 편지를 보냈다.

11월 2일. 따뜻함.

○ 아들 위종을 소학교에 보내 공부하게 하였다.

○ 벨기에(백이의국白耳義國) 공사 게잇트가 명함을 주고 갔다.

11월 3일. 맑음.

○ 대통령이 오늘 투표에서 뽑혔다. 브라이언(불하연, Bryan)[97]은 은화 주조론을 주장하였고, 맥킨리(맥힐늬, McKinley)[98]는 금화론을 주장하였는데,[99] 맥킨리의 표가 많아 대통령이 되었다.

---

97 윌리엄 브라이언William Jennings Bryan(1860~1925)은 민주당의 유력 정치인으로 1896년, 1900년, 1908년 세 번에 걸쳐 미국 대통령선거에 나갔다.

98 윌리엄 맥킨리William McKinley(1897~1901)는 1896년에 공화당의 대통령 후보로 미국의 제25대 대통령(1897~1901)에 당선되었다.

99 1880년에서 1896년까지 미국 경제의 물가 수준이 23퍼센트까지 떨어졌다. 서부 지역의 농부들은 대부분 채무자였고, 채권자는 동부의 은행들이었다. 당시 농부 문제의 해결책은 은을 자유롭게 주조하는 것이다. 이 시기 미국은 금본위제를 운영하고 있었다. 금의 양이 화폐의 공급을 결정하게 되고, 그 결과 물가가 결정되었다. 은본위제 주창자들은 금과 마찬가지로 은을 화폐로 이용하기를 원했다. 만약 채택

○ 미국 외부 대신의 답서를 보았다.

11월 4일. 비.

○ 집에서 보낸 편지를 보았다.

○ 새로 선출된 대통령은 내년 3월에 부임할 예정이다. 미국 정부는 이날 밤에 먼저 100발의 대포를 쏘아 경축하였다. 대개 전부터 내려오는 관례라고 한다.

11월 5일. 비.

○ 음력 10월 1일이다. 아침 일찍 여러 동료와 함께 망배례를 거행하였다.

11월 6일. 맑음.

○ 프랑스 공사 팻트닛트리가 찾아와 만났다.

(11월 7일. 누락)

11월 8일.

된다면 화폐의 공급량을 늘려 물가 수준을 올려 농부들이 가지고 있는 부채의 실제 부담을 경감시킬 수 있었다. 은을 둘러싼 논쟁은 격렬하였다. 윌리엄 제닝스 브라이언은 은화 주조론자 중의 한 명이었다. 브라이언은 선거에서 공화당의 윌리엄 맥킨리에게 패배하였고 미국은 금본위제를 유지하였다.

11월 9일.

11월 10일. 맑음.

11월 11일. 가랑비.

11월 12일. 비.

11월 13일. 맑음.

○ 러시아 공사가 찾아와 만났다.

11월 14일.

11월 15일. 맑음.

○ 공무에 관한 서신과 사적인 편지를 보냈다.

11월 16일. 맑음.

○ 스위스 공사 피오더가 회답의 명함을 주고 갔다.

○ 오후에 영국 공사에게 감사하다는 뜻을 표하였다.

11월 17일. 맑음.

○ 천주당天主堂의 선교사인 여인이 와서 희사하여 돕기를 요청하였

으므로 3원을 지급하였다. 그 시주 책자를 살펴보니 각국 공관公館에서 많이 원조하였다.

11월 18일. 맑음.

11월 19일. 맑음.

◯ 이른 아침에 여러 동료와 함께 망배례를 거행하였다.

11월 20일. 흐리고 추움.

11월 21일. 비.

◯ 남미 에콰도르(에쿼도야국, Ecuador) 코피 항구에서 화재가 발생하여 가옥이 잇달아 불탔다. 불타 죽은 사람이 거의 100명이고 집을 잃고 굶주리는 사람은 3만여 명이며, 손실된 재산의 합계는 8천만 원이나 되는데, 지금 다시 대책을 세우고 있다. 각국의 영사관領事官이 열명列名한 편지를 써서 각국 공사관에 돌려가며 보이고 와서 보조하여 줄 것을 요청하였다. 보기에 매우 측은했지만, 현재 공사관의 경비가 들어오지 않아 스스로를 구제할 겨를도 없다. 그러므로 지금은 원조를 하지 못했는데, 만일 각국이 본다고 생각하니, 저절로 나도 모르게 부끄러운 마음이 든다.

11월 22일. 맑음.

◯ 매일 오전 8~9시에 수도(워싱턴)에 사는 남녀와 아동들이 옷을 차려입고 책을 끼고 학교로 달려가느라 한꺼번에 몰려든다. 전국의 인민들도 모두 이와 같다. 문명으로 진보하는 풍속이 날로 상승하니 부러운 마음이 든다.

11월 23일.

11월 24일. 맑음.

◯ 오늘은 우리 태자비太子妃[100]의 탄신이다. 여러 동료와 함께 망배례를 거행하였다.

◯ 미국의 관리와 학자, 각국 사신에 이르기까지 매번 묻고 답할 때에 귀국의 국장國葬[101]을 아직 행하지 않는 이유와 대군주 폐하께서 왜 궁궐로 돌아가지 않는지에[102] 대한 이유를 많이 묻는다. 대답할 말이 없으니 당황스럽고 부끄러운 마음이 가슴에 교차한다.

---

[100] 민태호閔台鎬의 딸로 1872년 음력 10월 20일에 태어났으며 본관은 여흥驪興이다. 1882년 왕세자빈에 책봉되었다. 1897년에 황태자비로 책봉되었으며 1904년 31세의 나이로 자녀를 남기지 못한 채 경운궁에서 사망하였다. 순종이 황제가 된 후 순명효황후純明孝皇后라는 시호를 받았다.

[101] 1895년 8월 20일의 을미사변으로 시행당한 명성왕후의 장례를 말한다. 1897년 11월 22일에 국장國葬을 거행하고 청량리 밖 홍릉洪陵에 안장되었다.

[102] 아관파천을 말한다. 일본으로부터 생명의 위협을 느낀 고종은 1896년 2월 11일에 러시아공사관으로 거처를 옮겼다. 고종은 1년 만인 1897년 2월 20일에 경운궁으로 환궁하였다.

○ 근래에 교제가 뜸하다. 문을 닫고 책을 보았다.

11월 25일. 맑음.

11월 26일. 맑음.

○ 오늘은 서양말로 '기빙 데이(기빙 데이Thanksgiving day)'[103]라고 칭한다. 옛날에 처음 미국을 얻은 후에 음식을 먹은 날이라 하여 사식일賜食日이라 칭한다. 신사紳士와 평민이 서로 감사하고 천주天主에게 축원한다. 매번 이날은 11월 하순의 목요일인데, 대통령이 정하여 거행한다. 이날은 음식을 많이 준비하여 잔치하며, 서로 음식을 선물하고 앞 다투어 화려한 복장을 하고 거리를 돌아다닌다. 그리고 좋아하는 음식은 칠변조七變鳥(칠면조) 고기로 서양에서는 터키(테기, turkey)라고 칭한다. 전체를 굽는데 칠면조의 배 안에 소를 넣고 실로 꿰맨 다음 쪄서 익힌 후에 갈라서 먹는다. 향근채(香芹菜, parsley)를 그 위에 곁들이면 더욱 맛이 좋다. 이 음식을 미국인은 매우 좋아한다.

○ 청국 공사 양유는 미국에 주재한 지 여러 해가 되었기 때문에 러시아 공사로 옮겨 제수되었다. 그래서 서기관 한 명과 함께 와서 이

103 추수감사절은 1621년 가을 플리머스의 총독 윌리엄 브래드퍼드가 수확의 풍요함을 감사하며 그동안의 노고를 위로하는 축제를 3일 동안 열고 근처에 사는 인디언들을 초대하여 초기의 개척민들과 어울릴 수 있는 자리를 마련한 데서 시작되었다. 19세기 말엽까지 뉴잉글랜드 전역에서 행해지는 축제가 되었고, 1863년 에이브러햄 링컨 대통령이 공식적으로 국경일로 선포했다. 처음에는 11월의 마지막 목요일이었다가 1941년에 11월의 4번째 목요일로 정했다.

별을 고하였다. 오정방伍正邦[104]이 주미공사가 되었다고 한다.

11월 27일. 맑음

◯ 영국 공사 부인과 하와이 공사 힛취가 찾아와 만났다. 학무과장學務課長인 여인 시미트가 찾아와 만났다.

11월 28일. 비.

11월 29일. 비.

11월 30일.

◯ 일찍 일어나 창문을 열고 바라보니 은빛 산과 얼어붙은 바다가 끝없이 이어져 하늘과 땅 모두가 온통 새하얗다. 이 나라에 들어와 겨울이 온 후에 처음으로 보는 눈이고 날씨도 매우 추우니, 아득히 먼 곳에서 경루瓊樓 높은 곳에서도 추위를 이기지 못할까 걱정하는 마음만 간절하다.[105]

---

104 청말 민국民國 초에 활동한 오정방伍廷芳(1842~1922)을 말한다. 그의 본명은 서敘, 또 다른 이름은 오재伍才, 호는 질용秩庸이다. 1874년에 영국 런던에 유학하여 법학박사 학위와 변호사 자격을 취득하였다. 1882년에 이홍장의 법률 고문이 되었고, 1896년 11월 16일에 주미공사에 임명되었다. 이듬해에 홍콩을 거쳐 4월 24일에 미국 워싱턴에 도착하였고 5월 1일에 주미공사로 정식 취임하였다. 그는 1902년에 중국으로 돌아왔다. 신해혁명 후에는 중화민국 정부의 외교총장을 역임하였다.

105 경루瓊樓는 경루옥우瓊樓玉宇의 준말로, 신화에 나오는 월궁月宮 속의 누각을 말한

◯ 오후에 영국 공사 부인과 학무과장인 여인 시미트에게 감사 인사를 하고 돌아왔다.

다. 소식蘇軾이 송宋나라 신종神宗 때 황주黃州로 귀양 가서 지은 〈병진중추작겸회자유丙辰中秋作兼懷子由〉에 "내가 바람 타고 돌아가고 싶나니, 경루옥우 높은 곳이 추위를 이기지 못할까 또 걱정일세我欲乘風歸去 又恐瓊樓玉宇 高處不勝寒"라는 말이 나오는데, 신종이 보고는 "소식이 끝내는 임금을 사랑하는구나蘇軾終是愛君"라고 탄식하며 여주汝州로 양이量移하라고 명했다고 한다. 《水調歌頭》.

12월

12월 1일. 흐리고 쌀쌀함.

○ 공무에 관한 서신과 사적인 편지를 부쳤다.

12월 2일. 추위가 심함.

○ 오전 10시에 외부 대신을 만나고 돌아왔다.

12월 3일. 맑음.

12월 4일. 맑음.

12월 5일. 맑음.

○ 음력 11월 1일이다. 이른 아침에 여러 동료와 함께 망배례를 거행하였다.

12월 6일. 따뜻함.

○ 러시아 공사가 찾아와 만났다.

○ 미국 외부 국장局長 로닉과 그의 부인이 찾아와 만났다.

12월 7일. 맑고 따뜻함.

○ 이날은 12월 첫째 월요일이다. 독립 후에 제정한 헌법 규정에 따라 으레 의사당을 열고 정무政務와 재산財產에 관한 일을 미리 모두 헤아려 따져 보고 결정한다.[106] 지금 중요한 일은 금화와 은화의 불편함을 바로잡는 것이다.

12월 8일.

12월 9일.

12월 10일. 맑고 따뜻함.

12월 11일. 맑음.

○ 사진사가 와서 작은 사진을 찍었다.

12월 12일. 흐리고 쌀쌀함.

○ 오후에 러시아 공사에게 감사의 뜻을 표하였다.

---

[106] 미국의 의회 소집일은 원래 12월 첫째 월요일로 헌법에 정해져 있었지만, 지금은 제20조 헌법 수정 조항에 따라 1월 3일로 바뀌었다.

12월 13일. 맑고 따뜻함.

○ 미국의 대도시는 인가가 조밀하여 매번 실화失火의 재난이 많다. 각 거리에는 푸른색과 붉은색 등을 걸어 둔다. 불이 나면 사람들이 방아쇠 같은 장치를 누르면 스스로 불을 끈다. 회사에서는 어느 거리, 어느 집에 화재가 난 것을 알면 급히 물을 뿜는 기계를 마차에 싣고 달려가는데, 달리는 형세가 마치 바람이 쏜살같이 불고 번개가 순식간에 번쩍이는 것처럼 신속하다. 멀면 15분, 가까우면 2~3분이면 화재 현장에 도착한다. 화재가 난 집에 많은 물을 일제히 쏘는데 마치 물병을 거꾸로 들고 쏟는 기세와 폭포가 떨어지는 모습 같다. 옆에서 지켜보는 사람이 거의 만 명이나 되는데, 담장처럼 둘러서서 입에 하무를 문 것 같이 조용하니, 그 의젓하고 조용한 모습은 감탄할 만하다.

12월 14일. 맑고 따뜻함.

○ 서양 사람들이 말하기를, 300년 전에는 이 땅의 풍속이 몽매하여 하나같이 야만이었다고 한다. 아시아 사람이 병차餠茶[107]를 팔았는데 그 하나의 가격이 금전金錢 80여 원이나 되었다. 차를 끓이는 방법을 이해하지 못하여, 공이로 찧어 가루로 만들고 물을 부어 우려 마시며 맛이 좋다고 하였으니, 참으로 우스운 일이다. 또한 겨울에 추워지면 방 가운데에서 땔감으로 불을 피우면서도 연통을 사용하

---

107 틀에 눌러 떡 모양으로 만들어서 굳힌 덩어리 모양의 차.

여 연기를 밖으로 내보내는 법을 몰랐다. 또한 숟가락과 젓가락이 없어 손으로 밥을 움켜쥐어 먹었다. 개화한 이후부터는 기계의 정교함이 나날이 좋아지고 지혜가 점점 열려서 바로 유럽 각국과 더불어 어깨를 나란히 하니, 판연히 한참이나 뒤떨어진 것은 아니다. 지금 철도는 총 5만여 마일이나 되고, 우체통은 각 지역에 두루 있고, 전화국이 설치된 곳이 1만 2천여 개소이다. 무기와 군함이 아주 정교하고 치밀하며, 백성과 나라가 부유하고 물산이 풍요로우며 인구가 많아 장래의 발전을 미리 헤아릴 수 없을 정도이다. 지금 우리나라의 형편을 미국이 개화하기 전과 비교해 보더라도 다만 천양지차일 뿐만이 아니니, 군신 상하가 밤낮없이 마음을 가다듬고 분발하여 함께 나라를 다스려야 할 때이다. 힘쓰고 힘써야 할 것이다.

12월 15일. 흐리고 쌀쌀함.

12월 16일. 눈이 오고 추움.
○ 공무에 관한 서신과 사적인 편지를 부쳤다.
○ 미국 외부 대신의 부인이 초청하여 오후에 아내와 함께 그 집을 방문하였다.

12월 17일. 맑고 쌀쌀함.
○ 버지니아 세일럼 지방의 로아노크대학 총장 드리허가 찾아와 만났다.

○ 오후 5시에 칠레 공관의 다회茶會에 갔다.[108] 문앞에 도착하니 하인이 미리 문앞에 대기하고 서 있다가 마차 문을 열어 주고 앞에서 인도하여 내문內門으로 들어갔다. 문 안에서 주인의 딸이 새로 흰 비단으로 지은 긴 치마를 입고, 손에는 월계화月桂花 가지 하나를 쥐고 있었다. 악수하고 인사한 후 곧장 안쪽에 있는 방으로 안내해 들어가니, 공사 부인이 식탁의 윗머리에 앉아 있었다. 또 한 부인이 식탁 아랫머리에 앉아 있었다. 주인인 공사 부인은 탁자에 앉아 일어나지 않고 단지 악수로 예를 표하였다. 이어 다과와 사탕을 권하였다. 좌우를 돌아보니 곳곳에 꽃다발이요, 벽면마다 전등이 있었다. 각국의 남녀가 모두 수백 명이었는데, 혹은 앉아 있고, 혹은 춤추고, 혹은 서 있고, 혹은 연주하고 노래 부르면서 옆에 사람이 없는 것 같이 마음대로 행동하였다. 돌아올 때에는 주인에게 작별 인사를 하지 않고 떠났다. 며칠 후에 명함을 다회를 주최한 주인에게 다시 전달하였는데, 들어가 만나지는 않고 다만 음식을 잘 차려 대접한 호의에 사례하였는데, 관례이다.

○ 독일 공사 뜰몬(태일만)이 명함을 주고 갔다.

108 유길준俞吉濬의 《서유견문西遊見聞》에서는 다회를 다음과 같이 소개하였다. "이 모임은 언제나 밤에만 열린다. 사람들이 아침이나 낮 동안 각기 경영하던 사업에 정신을 쏟으며 일하다가 저녁이 되어……친구가 보고 싶으면 서로 찾아가기도 하고 부르기도 한다. 우아하게 이야기를 나누거나 우스갯소리를 즐기는 자도 있고 노름 종류의 승부를 겨루기도 하며 퀴즈 종류로 문답을 주고받아 서로 즐기는 자도 있다."

12월 18일.

12월 19일【음력 11월 15일】. 맑음.
○ 이른 아침에 여러 동료와 함께 망배례를 거행하였다.

12월 20일. 이른 아침에 흐리다가 저물녘에 맑음.
○ 나이 어리고 몰지각한 무리는 한번 서양에 들어가 서양 글자를 겨우 통하고 나면 걸핏하면 개화라고 하면서 위로는 군부君父를 무시하고 아래로는 윗사람도 안중에 없으며 예의염치를 쓸모없는 것으로 여기고 제멋대로 행동하여 조금도 거리낌이 없다. 이와 같은 부류는 비록 서양 학문에 통달하였더라도 국가의 일에 해가 될 뿐 이익이 없다. 무릇 공사公使와 참서參書 등의 관원은 반드시 지각이 있고 착실하며, 앞으로 발전이 있고 근본을 잊지 않은 사람을 파견한다면 일을 그르치는 경우는 거의 없을 것이다. 생도生徒는 마땅히 나이가 어린 자를 외국에 많이 파견해야 하는데 질박하고 성실한 자를 으뜸으로 한다. 설혹 변변찮은 재주가 있어도 만약 경박하여 마음에 주관이 없으면 근본을 잊고 의리를 배반하는 것이 반드시 열에 일고여덟이 될 것이다.

12월 21일. 눈.
○ 오늘은 아세亞歲(동지)이다. 망배례를 거행하였다.

○ 멀리서 헌말獻襪[109]하며 동지를 축하하는 정성을 바치노라니, 옛일을 생각하며 통분스러운 마음이 더욱 간절하였다.

12월 22일. 맑음.

12월 23일. 비.

12월 24일. 맑고 쌀쌀함.

12월 25일. 맑음.

○ 오늘은 예수(야소耶蘇)의 생일이다. 이날은 유럽과 미국에서 1년 중에 가장 경사스러운 명절이다. 2, 3주 전에 각 시장에서는 진귀한 노리갯감과 아이들의 장난감을 만들어 판다. 그 전에 미리 소나무, 삼나무 등의 나무를 베어 큰 화분에 꽂아 두고 각색의 끈을 매달고, 가지 위에는 등불을 매단다. 이 나무를 크리스마스 트리라고 한다. 각자 집 안에 세워 두는데 바라보면 울창하여 숲을 이룬 것 같다. 음식물은 칠변조七變鳥(칠면조)와 닭, 거위, 돼지 등이다. 이날 남편과

---

109 헌말獻襪은 어른께 버선을 지어 드리던 것으로 동지冬至에 무병장수의 뜻을 담은 풍습이다. 《성호사설星湖僿說》에 의하면, 동지에 시부모에게 버선을 드리는 풍속은 동지에 해 그림자가 가장 길어지므로 새 버선을 신고 오래 걸어 다니면서 무병장수의 복을 받으라는 뜻을 담고 있다고 하였다. 신하들도 동짓날에 신과 버선을 임금께 바쳐 수복을 기원하였다.

부인, 친구들이 각자 물품을 서로 주고받는다. 그 전날 밤에 시장을 열고 밤에도 문을 닫지 않는다. 교회에서 종을 울리고 음악을 연주하며 설교를 듣는데 사람들이 어깨를 부딪칠 정도로 아주 많다.

대개 미국의 풍속에는 여섯 번의 큰 경사스러운 명절이 있는데 1월 1일과 2월 27일 워싱턴 생일, 5월 30일 알링턴 국립묘지(안릉돈安陵頓)[110] 조혼일弔魂日(Memorial Day),[111] 7월 4일 독립일獨立日, 11월 사식일賜食日(Thanksgiving Day)은 정해진 날이 없다. 그리고 오늘(25일)이다. 매번 이러한 날에는 위로는 정부로부터 아래는 마을에 이르기까지 휴가이며 연회를 열어 즐긴다.

○ 삼가 궁내부에서 전보로 보낸 임금의 유지諭旨를 받았다.

12월 26일. 맑음.

12월 27일. 맑음.

---

[110] 포토맥강을 사이에 두고 워싱턴 D.C.와 마주보고 있다. 1864년 육군 장관의 명령에 따라 군사묘지가 되었다. 남군 포로가 처음으로 이곳에 묻힌 이후 미국이 참전한 전쟁에서 죽은 병사들의 시신을 안장하였다.

[111] 메모리얼 데이Memorial Day의 전몰장병 기념행사는 원래 미국 남북전쟁 당시의 전사자들을 추모하기 위해 시작된 지역 행사였다. 1868년에 일리노이 주 출신의 로건 하원의원이 5월 30일을 국가를 수호하기 위해 목숨 바친 동료들의 무덤을 장식하는 날로 지정하자고 선포하면서 전국적인 전몰장병 기념행사가 시작되었다. 1971년 이후부터는 5월 마지막 주 월요일로 정해졌다.

12월 28일. 맑음.

○ 우편 대신郵便大臣 윌슨William Lyne Wilson이 명함을 놓고 갔다.

○ 대통령이 1월 1일에 각국 공사 이하 여러 관원을 만나 보는 일에 대한 미국 외부外部의 통첩이 왔다.

12월 29일. 맑음.

12월 30일. 이른 아침에 비가 오다가 저물녘에 갬.

○ 탁지 대신의 부인 칼라일(갈라일, Carlisle)이 그 딸과 함께 찾아와 만났다.

○ 오후에 러시아 공사를 방문하였으나 만나지 못하고 돌아왔다.

○ 노드리서국【남미】 공사 계야가 참서관과 서기관을 데리고 만나러 찾아왔다. 서기관은 공사의 아들로 나이가 15, 6세가량인데 사람됨이 절묘絕妙하였다.

12월 31일. 맑음.

○ 미국 외부 대신이 새해 1일에 대통령이 외빈을 영접할 의례 절차 1통을 기록하여 보내왔다. 그러므로 아래에 열거한다.

- 1월 1일 오전 11시에 대통령과 부통령이 내각內閣의 여러 관원, 각국 공사와 그 소속 관원을 접견한다.
- 1월 1일 오전 11시 15분에 재판장과 지방의 여러 재판장을 접견한다.

- 1일 오전 11시 25분에 상원과 하원의 의원, 전임 각부 장관을 접견한다.
- 1일 오전 11시 40분에 해군과 육군의 관원을 접견한다.
- 1일 정오 12시에 각부 장관과 각 국장局長을 접견한다.
- 1일 12시 15분에 과거에 출정出征한 노병老兵의 장관 등을 접견한다.
- 1일 12시 35분에 전국 백성과 함께 다회茶會를 열어 오후 12시까지 계속한다.
- 백악관에 들어올 때에 마차는 동문으로 들어오고, 나갈 때는 서문으로 나간다. 걸어오는 사람은 서문으로 들어오고 동문으로 나간다. 대통령 부인, 부통령 부인, 내각의 여러 관원의 부인은 옆에 서서 대통령과 함께 손님을 맞이한다.
- 또 1월 7일에 내각의 여러 관원을 위해 연회를 연다.
- 14일에는 오후 9시부터 오후 11시까지 각국 공사를 위해 다회를 연다.
- 21일에는 각국 공사를 위해 연회를 베푼다.
- 28일에는 오후 9시부터 11시까지 상원과 하원의 의원, 참의參議와 재판장을 위해 다회를 연다.
- 2월 4일에는 고등재판관을 위해 연회를 베푼다.
- 2월 6일에는 오후 3시부터 5시까지 대통령 부인이 다회를 베푼다.
- 2월 11일에는 오후 9시부터 11시까지 해군과 육군의 관원을 위해 다회를 베푼다.
- 2월 18일에는 오후 9시부터 11시까지 공동으로 다회를 연다.

건양建陽 2년

丁酉年

1897

1월

1월 1일【음력 11월 28일】. 흐림.

○ 이른 아침에 여러 동료와 함께 망배례望拜禮를 거행하였다.

○ 오전 11시에 여러 동료와 함께 신년 하례를 위해 대통령 관저로 갔다. 동문으로 들어가니 순검巡檢이 동문에서부터 계단에 이르기까지 사이사이에 드물게 서서 마차를 인도한다. 헌문軒門 앞에 이르니 관리 한 사람이 인도하여 헌軒 안으로 들어갔다. 또 한 사람이 인도하여 방의 서문으로 들어갔다. 대통령이 그 중간의 문지방 안에 있었으므로 악수하고, 대통령 부인과도 악수만 하고 다른 말은 하지 않았다. 이어 방의 동문으로 향해 도로 마차에서 내린 곳에 도착하여 곧바로 돌아왔다. 각국 공사와 남녀 관원 수천 명이 어깨를 나란히 하고 섰으므로, 큰 목소리로 대화하는 소리는 없었지만, 점점 합쳐져 천둥소리 같았다. 대통령 내외는 문안에 꼿꼿이 서서 수많은 사람들과 일일이 악수하니 역시 큰 고역苦役이다.

12시에 외부 대신의 사저로 가서 아침밥을 먹었다. 외부 장관 내외가 문안에 서서 손님을 영접하였다. 식품은 늘 먹는 음식이었다. 사람의 수는 대통령 관저의 접대에 비교해 보니 대략 어림잡아 5분의 1 정도였다. 1시 반에 공사관으로 돌아왔다.

돌아온 후에 부통령의 사저로 갔다. 단지 명함만 남기고 만나보지 않고 돌아왔다. 이것이 통례이다.

○ 벨기에 공사 쐭게일이 자기 나라로 돌아가려고 하면서 명함을 놓고 작별하고 갔다.

○ 러시아 공사가 꽃 화분 하나를 주었는데 붉은 꽃잎과 녹색 잎이 향기롭고 사랑스러웠다.

○ 윗마을에 사는 폴코너가 비단으로 된 네모난 베개 하나를 보내왔다. 이는 신년에 서로 선물을 주는 관례에 따른 것이다.

1월 2일. 맑음.

○ 대통령이 1월 11일 오후 8시에 연회를 열고, 1월 24일 오후 9시부터 11시까지 다회를 여는데, 각국 공사와 소속 관원을 초청한다는 뜻을 담은 외부 대신의 초청장이 도착하였다.

1월 3일【음력 12월 1일】. 흐리고 안개가 낌.

○ 이른 아침에 여러 동료와 함께 망배례를 거행하였다.

○ 삼가 궁내부에서 전보로 보낸 임금의 유지諭旨를 받았다. 임금의 총애가 하늘의 은혜와 같아 4만 리 밖에까지 미치니 감격하여 눈물이 흐른다. 고요하고 쓸쓸한 여관에 화목한 기운이 갑자기 일어나고, 이어 북두성을 바라보며 두 손을 모아 축원하는 정성이 간절하다.

1월 4일. 흐림.

○ 오후에 탁지 대신의 부인 목슌, 전 육군 소장小將의 부인과 그 딸 등에게 감사 인사를 하였다. 또 온두라스【남미】 공사 로드리거스와 영국 공사에게도 감사 인사를 하였다. 또한 패튼 부인이 다회에 초청장을 보낸 것에 대해서도 감사 인사를 하였다. 또 박물관 총판總辦의 부인 위일슨, 외부 대신과 그 부인, 협판協辦 록힐, 제2협판 에디, 제3협판 볼뒨, 국장 을왜릭에게 감사 인사를 하기 위해 모두에게 명함을 보냈다. 오로지 신년에 서로 문안하는 관례를 따른 것이다.

1월 5일. 새벽에 비가 오다가 아침에 맑음.

○ 미국 외부 대신과 청국 공사, 러시아 공사, 콜롬비아 공사에게 감사 인사를 하고 돌아왔다.

1월 6일. 맑음.

○ 청국 공사 양유楊儒가 그의 부인 및 서기관 1원과 함께 찾아와 만났다. 하와이공사관의 서기관 하스팅스가 찾아와 만났다. 미국 외부 장관의 개인 서기관인 볼난포드가 명함을 놓고 갔다.

1월 7일. 맑음.

○ 의회 안에 상의원上議院(상원)과 하의원下議院(하원) 두 곳을 설치하고, 또 고등재판소도 설치하였다. 균등하게 듣고 세상에 널리 알리기 위해 해당 장소를 출입하는 문표門標를 관례에 따라 고등관高等官

을 파견하여 각국 공사관에 주었다. 오늘 의석議席을 크게 연다고 들었다. 그러므로 문표를 가지고 의사당 문앞에 도착하니, 문을 지키는 순검巡檢이 표를 확인하고 안내하여 들어갔다. 원래 각국 사신은 정해진 좌석이 있다. 그래서 좌석에 앉아서 내려다보니 부통령이 정면의 벽에 홀로 앉아 있다. 그 다음에 의원들이 열 지어 다음 층에 앉고, 그 다음에는 의관議官이 헌軒의 평층平層에 열 지어 앉았다. 그 중 한 사람이 일어나 정치에 대해 의견을 주장하였다. 말을 마친 후에 부통령이 작은 망치를 가지고 그 서안書案을 두드렸다. 그러자 또 한 사람이 일어나 정치를 논하였다. 교묘하게 변론하면서 상대방을 비평하니, 부통령은 조용히 앉아서 듣고 많은 사람의 논의를 취한다. 비록 사적인 친분을 개입시키고자 하여도 조금도 용납되지 않으니, 진실로 좋은 법이고 아름다운 규정이다. 곧이어 하원의 의사당으로 향했는데, 상의원과 한결같고 차이가 없다.

또 고등재판소로 갔는데 재판장 8, 9인이 검은 비단의 소매가 긴 도포를 착용하였는데, 한 사람 한 사람이 백발의 노인이었다. 소송하는 원고와 피고가 아래층의 탁자에 앉고, 한 사람이 먼저 사건의 경과와 원인을 호소하였다. 말을 마친 후에 다른 사람이 또 사건의 경과와 원인을 호소하고, 재판장에게 원고와 피고의 시비곡직을 참작하고 타당한 법률 조문을 고찰하여 법률에 따라 재판하기를 청한다. 좌우에는 직접 관계가 없이 참석하여 듣는 자가 헤아릴 수 없이 많았다. 만약 사형에 처할 사람이 있으면 선교사를 오게 하여 하늘에 세례의 맹세를 하여 나중의 생애에 착한 사람으로 태어날 수 있도록 인도한 후에 교형絞刑에 처한다. 죄인은 사형장으로 가면서도 살아 있는 것처럼 조금도 원망하는 마음이 없다. 매일 의석議席을 연다고 한다. 책고冊庫(국회도서관)를 둘러보니, 지금 개축하고 있는데 멋지게 장식하여 휘황찬란하였다. 전부 로마(라마羅馬)의 옛 제도를 모방하였는데 단지 사치할 뿐만이 아니라 또한 지나치게 기교를 부렸다.

○ 오후 5시에 콜럼비아공사관의 다회에 갔다.

○ 멕시코 공사의 부인 로메로가 명함을 놓고 갔다.

○ 전 외부 대신으로 지금은 법률학사法律學士가 된 파스털이 명함을 놓고 갔다. 이 사람은 공법公法에 능통하여, 일찍이 청국과 일본이 조약을 체결할 때에 고용되어 수만 원을 받아먹었다고 한다.

1월 8일. 맑음.

○ 군부 협판軍部協辦 도오가 부인과 함께 와서 명함을 놓고 갔다. 하의원 참의 맥클르리가 그 부인과 함께 와서 명함을 놓고 갔다.

(1월 9일. 누락)

1월 10일. 맑음.

○ 남쪽에 이웃한 공사관인 베네수엘라 공사 호셰인드리드가 딸과 함께 만나러 찾아왔다.

1월 11일. 맑음.

○ 오후에 하의원 참의와 그의 부인 맥클르리(믹클리) 및 전 외부 대신과 그의 부인 파스털, 멕시코 공사와 그의 부인 로메로, 군부 협판 도오와 팻틔그루 부인 및 푸리윗 부인 등에게 감사 인사를 하고 돌아왔다.

1월 12일. 맑음.

○ 오늘은 러시아의 새해 첫날이다. 새해의 기쁨을 전하는 전례에 따라 축하하기 위해 공사를 만나러 갔다.

○ 오후 5시에 청국 공사관의 다회에 갔다. 첫 번째 문에 들어가니, 서양인 보이保伊 2명이 오는 손님을 맞이하여 손님의 털로 만든 방한구와 지핑이를 받아 주고 헌문 안으로 안내하였다. 공사는 부인 및 아들 하나와 딸 둘을 거느리고 영어를 하는 서기관 한 사람과 함께 나란히 서서 손님을 영접하였다. 또 서기관 한 사람이 객청客廳으로 들어가도록 안내하였다. 객청의 길이는 수십 칸이었고, 너비는 10칸가량이었으며 수많은 창문 좌우의 벽에는 아주 큰 유리거울이 세워져 있고, 동서양의 기이한 물건과 진기한 보물을 줄지어 놓아 두었는데 아름다웠다. 객청의 동쪽 모퉁이에는 작은 층의 무대를 하나 설치하였는데 서양 음악을 연주하는 악대가 줄지어 앉아 있었으나, 큰 병풍으로 가려 두어 단지 음악은 들리지만 악공의 모습은 보이지 않았다. 또 서기 한 사람이 다청茶廳으로 들어가도록 안내하였다. 고용한 미국 여인은 나이가 수십 살로 보였는데 두 사람이 탁

자의 위 아래 모퉁이에 나누어 앉아 차와 술을 따라 주고 과일과 과자를 권하였다. 여러 색깔의 꽃이 찻상마다 놓여 있고 찻상 앞뒤로는 거의 비어 있는 곳이 없었다. 꽃향기가 옷에 배어들 정도이고 등이 밝아 눈이 아른거렸다. 각국의 공사 내외, 미국의 관료와 사업가들로 온 사람이 8, 9백 명가량 되었다. 조금 배회하다가 빙과氷果 한 그릇을 마셨다. 돌아올 때에는 공사가 문 근처에 서 있어 악수하여 작별하고 왔다.

○ 지금 청국의 형편은 늙은 말이 병들고 큰 집이 기울어진 것과 같다. 그러나 원래부터 물산이 많고 땅이 넓어 융성하다는 명성이 있다. 그래서 이와 같은 연회의 의식은 영국, 러시아, 프랑스, 독일에 비할 만하지만, 이와 같이 형식과 자잘한 일만을 중시한다. 만약에 군국軍國의 급선무에 힘을 쏟는다면 어찌 유럽의 7대 강국과 같지 않겠으며, 마침내 몇 년 전의 동양의 수치가 있었겠는가. 이로 말미암아 본다면 나라의 강약과 흥망은 사람에게 달려 있고 나라의 크고 작음에 달려 있지 않다. 하와이와 벨기에는 매우 작은 나라인데도 능히 스스로 강대해져서 만국의 사이에서도 독립할 수 있다. 조선을 만약 하와이와 벨기에 두 나라와 비교하자면 국토의 면적, 인물, 재물이 도리어 나은 점이 있다. 정치를 맡은 여러 신하가 만약 온갖 괴로움을 참고 견디며 떨쳐 일어나 분발하여 끊임없이 정진한다면 크게는 미합중국과 같이 되고, 작게는 하와이, 벨기에 두 나라처럼 될 것이니, 한 마음으로 개명하기를 밤낮으로 간절히 빈다.

○ 각국 공사와 각 고등관이 다회를 연다고 초청장을 보내왔는데 가

지 않으면 거만하다는 평가를 받을 뿐만 아니라 교섭하는 데도 흠이 된다. 만약 간다면 다른 사람이 마련한 음식을 많이 먹고서도 한 번도 사례하는 다회를 열지 못하였으므로 얼굴이 붉어지도록 부끄러운 것을 모르지는 않는다. 그러나 남에게 진 빚이 산과 같으니 곤란이 몹시 심하여 다른 일을 돌아볼 겨를이 없는데 어느 겨를에 예의를 차리겠는가. 이것이 이른바 가는 것도 난처하고 가지 않는 것도 난처하다는 말이다. 다회의 초청장이 오면 눈썹이 찌푸려지고 발길이 느려지며, 만부득이하여 문을 나설 때는 크게 탄식이 나온다.
○ 미국 외부 대신과 그 부인이 명함을 남겨 두고 갔다.

1월 13일. 흐리고 쌀쌀하고 눈이 조금씩 옴.
○ 라리터 부인이 와서 만났다. 미국의 서울(워싱턴)에서 가장 부자로, 재산이 400만 원이라고 한다.
○ 선교사 햄밀 내외가 와서 만났다. 미국의 서울에서 제일 큰 교회당에 있는데, 1년 월급이 만여 원이라고 한다.
○ 탁지 대신 칼라일이 와서 만났다. 본가本家는 뉴욕에 있는데, 지금은 워싱턴에 있는 호텔에서 산다. 사람됨이 단아하며 빈틈이 없고 치밀하다. 탁지부에 한번 와서 구경하라고 초청하여, 초청해 준 데 대해 감사하고 말씀대로 하겠다고 대답하였다.
○ 딴실리 내외 및 크리싓틔 내외와 딸이 와서 만났다. 모두 큰 부자라고 한다.

1월 14일. 눈.

◯ 오후 9시에 아내와 함께 대통령 관저로 갔다. 후문에 도착하니 문을 지키는 순검이 문표를 살펴본 후 인도하여 관저의 헌軒 앞으로 들어갔다. 헌 앞에서 마차에서 내리니 한 사람이 인도하여 헌 안으로 들어갔다. 또 사람이 인도하여 어느 방으로 들어갔는데, 이곳은 겉옷과 모자를 두는 장소이다. 사람마다 표지票紙를 주고 나갈 때에 표지를 대조하여 차례대로 겉옷과 모자를 돌려준다. 또 한 사람이 전당前堂으로 인도하였다. 각국 공사 내외와 자녀들이 모두 모여 있고, 미국의 고등관, 부자의 내외와 자녀들이 무리 지어 있었다. 모여 있는 손님들은 수천 명가량이었다. 이윽고 대통령 내외가 전당의 안쪽 문앞에 나란히 서 있고, 부통령과 각 대신 내외는 같은 줄에 나란히 서 있었다. 각국 공사는 부임한 차례에 따라 입장하여 대통령이 서 있는 곳으로 가서 악수하고 인사하였다. 또 대통령 부인과 악수하고, 차례로 각 대신, 대신의 부인과 악수한 후에 곧바로 전헌前軒으로 나갔다. 문방文房과 등촉燈燭, 깔개, 병풍이 파사波斯(페르시아)의 보물시장 같았다. 화초는 3, 4길이나 되는 아주 큰 것을 곳곳에 배치하여 장춘원長春園[1] 같이 꾸몄다. 악공樂工 4, 5십 명이 전당前堂에 앉아 미국 국가를 끊임없이 연주하였다. 많은 남녀가 북적북적하게 왕래하며 즐겁게 웃고 떠드는 소리가 대숲의 바람소리와 솔숲

[1] 중국 베이징北京의 원명원圓明園 동쪽에 있던 청나라의 이궁離宮으로, 1864년에 청나라 건륭제乾隆帝가 건립하였다.

의 빗소리 같았다. 여인들은 저마다 이마와 가슴을 드러내어 상반신이 알몸이었고, 아래는 긴 치마를 늘어뜨렸는데, 치마의 뒤쪽 폭은 길어서 헌軒 위에 질질 끌렸다. 서로 밟고 뛰고 어깨가 서로 부딪혀 손과 발을 움직일 수 없으니, 과거 시험장에 시험 보러 들어가는 모습처럼 아주 난잡하였다. 한 시간 정도 잠깐 쉬고 나서 각국 공사들이 차례로 떠났는데, 대통령에게 작별 인사도 하지 않았다. 후문에 이르니 순검이 누구인지 묻더니 즉시 말을 달려 손님의 마차를 불러왔다. 그래서 마차를 타고 공사관으로 돌아왔다. 단지 잠시 접견하고 음식을 대접하지 않았으니 1월 1일의 상견례와 같다.

1월 15일. 눈이 조금씩 옴.

1월 16일. 흐리고 안개가 낌.

1월 17일【음력 12월 15일】. 비와 눈이 번갈아 내림.
○ 이른 아침에 여러 동료와 함께 망배례를 거행하였다.

1월 18일. 맑고 화창함.
○ 오후에 선교사 햄밀 내외 및 칠레 공사 내외, 내부內部의 개인 서기관 내외 및 딴실리 내외, 영관領官 폰릐 내외, 르좌드손 부인【며칠 전에 세 사람이 찾아와 만났다.】 등에게 감사 인사를 하고 왔다.
○ 청국 공사관에 들러 다회에 초청해 준 데 대한 사례로 명함을 남

겨 두고 왔다.

1월 19일. 맑음.

○ 미국 외부 장관의 편지를 보니, 1월 28일에 대통령이 상원과 하원의 의원을 접견할 때 각국의 공사와 그 가족들도 와서 참석하라는 내용이다.

1월 20일. 흐림.

○ 군부 대신軍部大臣 민영환閔泳煥을 영국, 독일, 프랑스, 러시아, 이탈리아, 오스트리아 6국의 공사로 삼는다는 외부 대신의 전보가 당일에 도착하였다.

1월 21일. 맑음.

○ 미국 탁지 대신과 지난번에 본부本部에 한번 와서 구경하기로 약속하였다. 그래서 돈독한 우정을 저버릴 수 없어 오후에 동료들과 함께 탁지부를 방문하였다. 탁지 대신은 기쁘게 맞아 주었고 서로 소회를 나누었다. 곧 앞장서 안내하여 어느 창고에 가니 지폐를 보관하는 건물이었다. 지폐가 나지막한 산처럼 쌓여 있어 몇 천 몇 백 뭉치나 되는지 알 수 없었다. 작은 책자 모양 같은 뭉치 하나가 책상 위에 놓여 있었다. 그 액수는 금화 500만 원이라고 표시되어 있다. 탁지 대신이 나에게 한번 들어보라고 요구하여 들어보니 활[弓] 하나처럼 가볍다. 대신이 말하기를 이홍장李鴻章이 왔을 때 그도 이 지

폐를 들어보고 아주 감탄하며 부러워하였다고 한다. 또 한 창고로 가니 은전銀錢과 동전銅錢을 저장하는 곳이었다. 또 한 창고로 가니 파손된 지폐를 교환하는 장소였다. 각 지방에서 매일 손상된 것을 교환하는 것이 수천 원인데, 혹은 물과 불에 손상된 것도 있고, 혹은 가짜로 만든 것도 있는데, 별도로 조사하여 판별하는 방법이 있다. 모두 불에 타 재가 된 것은 거울로 비추어 보아 판별한다. 파손되어 사용할 수 없는 지폐는 먼저 위 아래에 구멍을 뚫고, 또 반으로 잘라 휴지로 들어간다. 또 한 곳으로 가니 새로 인쇄한 지폐에 다시 도장圖章을 찍는 곳인데, 기계로 인쇄하는 것이 조금도 오차가 없다. 새로 인쇄한 지폐는 네 조각이 연달아 붙어 있는 것이 한 장인데, 또 한 기계로 나누어 절단하는데 빠르기가 비바람과 같고, 잠시도 기계를 멈추지 않으며 조금의 오류도 없다. 그 옆 한 창고는 출납하는 곳이다. 철망으로 벽을 에워싸고 가운데 작은 구멍을 내어 겨우 손목만 드나들 수 있다. 사람이 와서 문의 종을 두드리면 장부를 받아서 검사 대조한 후에 돈을 구멍을 통해 내준다. 또 아래층의 한 창고로 갔는데 한쪽은 은銀 창고이고, 다른 한쪽은 금金 창고였다. 쌓여 있는 것이 기와나 벽돌 모양과 같이 많았다.

올해 예산은 4만 7229만 3120원 7각 5푼인데, 세입稅入은 4만 779만 3120원 7각 5푼으로 6450만 원이 부족하다. 세입 내역은 관세關稅가 1만 4800만 원, 내지세內地稅가 1만 5천만 원, 잡세雜稅가 2천만 원, 우편 수입이 8979만 3120원 7각 5분으로 총 합계 4만 779만 3120원 7각 5푼이다. 지출 내역은 문관文官 각 부部의 비용 1만 700

만 원, 육군 비용 5600만 원, 해군 비용 3100만 원, 원주민에게 사용하는 비용 1150만 원, 공훈비功勳費 1만 4000만 원, 본국 국채國債 이자 비용 3700만 원, 우편 비용 8979만 3120원 7각 5푼으로 총 합계가 4만 7229만 3120원 7각 5푼이다.

지금도 금화와 은화 및 은행표銀行票는 매일 들어오고 나가는 것과 파손되어 바꾸어 주는 것은 모두 7만 9581만 3000원이나 된다. 창고에 쌓인 돈의 부피를 헤아려 보니 길이는 89피트(영척英尺), 너비는 51피트, 높이는 12피트이다.

○ 돈은 지전紙錢이 1원에서 천만 원까지, 금전金錢은 2원, 2원 반에서 5원, 10원, 20원까지, 은전銀錢은 10전, 25전에서 50전, 1원까지, 백동전白銅錢은 단지 5푼만 통용하고, 적동전赤銅錢은 단지 1푼만 통용한다. 금화와 은화는 적동赤銅을 몇 푼쭝씩을 함께 넣어 주조하는데, 순수한 금과 은은 성질이 아주 물러 쉽게 마모되기 때문이다. 금과 은은 매번 유럽으로 많이 들어가는데, 한 번 나가면 다시 돌아오지 않는다. 그래서 정치학자들은 다른 나라로 나가지 않게 할 계책을 늘 생각한다.

탁지부의 1년 경비를 물어보니 장관長官 이하부터 사환使喚에 이르기까지 모두 3150명으로, 장관 월급은 1년에 8000원, 협판은 3인으로 1년 월급은 각각 5000원, 비서관 1년 월급은 2400원, 출납국出納局 서기 등의 관료 월급은 1년에 1800원, 사환 등은 1년에 혹 300원을 지급하는데 가장 낮은 액수는 200원이라고 한다. 쌓고 쌓으니 비로소 큰 관청의 풍성하고 넉넉함을 알겠다. 관리는 큰 죄를 짓거나 사망하는 경우가 아니면 교체하지 않는다고 한다.

○ 오후 8시에 아내와 함께 대통령 관저로 갔다. 한 사람이 전면의 서남쪽 구석에 있는 문으로 안내하였다. 또 한 사람이 다시 한 곳으로 안내하여 승강기를 타고 위층에 도착하였다. 한 사람이 어느 방으로 안내하여 들어가니 손님의 겉옷과 모자를 받아 보관하였다. 또 한 사람이 앞에서 인도하여 각국 공사는 나무계단을 따라 걸어가 아래층의 어떤 곳으로 내려가니, 대통령 내외가 나란히 서서 각국 공사를 영접하였다. 또 한 사람이 앉을 자리의 순서를 표시한 쪽지를 전해주었다. 본 공사는 부통령의 딸과 나란히 자리에 앉았다. 좌석의 순서는 러시아 공사의 다음이었다. 이윽고 대통령 내외가 먼저 식당으로 갔으며 수석 공사公使인 영국 공사가 먼저 들어갔다. 각국 공사는 앉은 자리의 순서에 따라 물고기를 꿰듯이 줄지어 나아갔다. 각자 동반하여 식사하는 부인이 있는데, 공사가 오른팔을 접어 가슴 앞에 붙이면[2] 부인은 겨드랑이 사이로 손을 넣은 채로 어깨를 나란히 하여 들어간다. 식탁 앞에 이르면 자리 순서에 따라 매긴 번호를 살펴보고 자리에 앉은 후에 여러 가지 술이 여덟 차례, 각종 음식이 열여덟 차례 나왔다. 대통령은 식탁 오른편 가운데 앉았고, 대통령 부인은 왼편 가운데에 앉았다. 대통령은 자주 술잔을 들어 각국 공사에게 골고루 권하였고 축사를 많이 하였다. 식사를 마

---

[2] 원문에는 '부인'이 오른팔을 접어 붙인다고 하였으나, 여자가 남자의 팔짱을 끼고 함께 식당에 입장한다는 내용이므로, 앞의 '부인들은' 남자인 각 공사를 가리키는 듯하다.

친 후에 대통령 내외가 먼저 일어나 대청大廳으로 나갔고, 조금 있다가 대통령과 각 공사가 별헌別軒으로 나갔다. 담배와 커피, 차, 향주香酒를 권하였다. 외부 장관과 상원 의장도 한자리에 있었는데, 의자에 걸터앉아 마주보며 담배를 피우니, 평등한 친구와 같다. 군주가 다스리는 동양 사람의 안목으로 보면 대단히 놀랍고 괴상한 일이다. 대통령 부인은 각 공사의 부인과 함께 별헌에 머물며 꽃을 감상하며 놀았다. 대개 남자들은 친숙하지 않은 부인 앞에서는 담배를 피우지 않으니, 대통령보다 더 부인을 공경히 대우하니 여기에서 서양에서 부인이 존귀하다는 것을 알겠다. 악대는 밤새도록 연주하였고 11시에 이르러 음악이 그쳤다. 대통령과 각국 공사는 화루花樓에 들어갔는데 온갖 꽃이 피어 있고 짙은 꽃향기가 코를 찔렀다. 반시간 동안 천천히 거닐며 꽃을 감상한 후에 각국 공사가 차례대로 작별하였다.

○ 12시에 공사관으로 돌아왔다.

1월 22일. 맑고 따뜻함.

○ 브라질 공사가 저녁 식사를 같이하자고 초청하였으므로 오후 8시에 아내와 함께 갔다. 각국 공사는 8명이었고 각 부인은 손님 수와 같은 8명이었다. 각자 부인과 동반하여 식사하였는데, 본 공사는 스위스 공사 부인과 같이 앉았다. 음식과 그릇이 정교하고 사치스러우며 찬란함은 오히려 대통령의 연회보다 나았다. 그 절차는 대통령이 연 연회 의식과 같았다.

○11시에 공사관으로 돌아왔다.

○ 브라질은 남미에서 가장 강대하다. 동서가 7000마일, 남북이 7500마일이며, 인구는 1400만 명으로 민주 국가이다. 1년의 토지세는 8백만 원이고, 통상액은 수출이 매년 1백 1십백만 원, 수입이 매년 100만 원이라고 한다.

1월 23일. 새벽에 큰 바람이 불다가 아침에 따뜻함.

○ 대통령 부인이 다회를 개최하는데 오후 5시에서 8시까지로 한정하였으며, 각국 공사의 부인을 초청하였다. 그러므로 본 공사의 부인이 혼자 갔다. 다회에 참석한 미국 관원의 부인, 부자의 부인이 몇 천 명인지 모른다. 대통령 부인이 헌軒 앞 가운데에 서서 각 부인과 악수하고, 한 차례 인사말을 나눈 후에 초대를 받은 사람들이 다청茶廳으로 간다. 다과를 먹은 후에는 주최한 대통령 부인에게 작별 인사도 하지 않고 각자 돌아간다고 한다.

1월 24일. 맑음.

○ 감사하다는 인사를 전하려고 브라질(부레이실) 공사관으로 가서 명함을 놓고 왔다.

○ 미국의 탁지부, 우정부의 양 대신에게 감사 인사를 하고 돌아왔다.

1월 25일. 맑음.

○ 작년 12월 20일에 보내온 관보官報와 집에서 보낸 편지를 보았다.

경운궁慶運宮[3]으로 환어還御할 날짜를 며칠 내로 택하여 정할 것이고, 국장國葬의 인산因山은 동대문東大門 밖 탑곡塔谷[4]으로 자리를 택하였다고 한다. 날이 좋아 빨리 일이 이루어지기를 북두성을 바라보며 축원하였다.

○ 미국 외부 장관의 편지를 보니, 오늘 오후 5~6시 사이에 대통령 부인이 손님을 만난다는 일로 먼저 알려 왔다. 매 예배禮拜는 1일로 정하였고 3월 초에 이르러 그만둔다고 한다.

○ 오후 5시 반에 여러 동료 및 아내, 아들 위종과 함께 대통령 관저로 갔다. 한 사람이 안내하여 전면의 서북쪽 헌軒의 문으로 들어갔다. 또 한 사람이 안내하여 어느 한 곳으로 들어갔다. 옥색으로 도배되어 있고 의자와 여러 기구들이 모두 옥색으로, 대통령이 각국 공사를 접견하는 처소였다. 대통령 부인은 전면의 문안에 있었는데 회색의 비단옷을 착용하였다. 초대받은 남녀 손님과 어린 자녀와 빠짐없이 악수하였다. 기쁜 얼굴로 흔쾌히 접견하였으며 차를 권하

[3] 덕수궁德壽宮의 원래 명칭. 처음 월산대군月山大君의 집터였던 것을 임진왜란 이후 선조의 임시 거처로 사용하여 정릉동貞陵洞 행궁行宮으로 부르다가 광해군 때에 경운궁으로 개칭하였다. 1895년(고종 32) 을미사변으로 인해 명성왕후가 시해되자 신변에 위협을 느낀 고종은 1896년 2월 11일에 왕세자와 함께 러시아 공사관으로 옮겼다. 고종은 경운궁을 대대적으로 중건하고 1897년 2월 20일에 러시아 공사관을 나와 경운궁에 거처를 정하였다.

[4] 현재의 홍릉 수목원 자리. 명성왕후가 시해된 뒤 동구릉의 숭릉崇陵 근처에 산릉山陵 공사를 시작하였다가 1897년 11월 국장 후에 동대문 밖 청량리에 있는 천장산 남서쪽 자락의 홍릉洪陵에 안장되었다. 1919년 고종이 붕어하자 현재의 경기 남양주시 금곡동 홍릉에 합장되었다.

였다. 잠깐 동안 천천히 거닐다가 악수하고 작별하였다. 대통령 부인이 위종의 나이를 물었고, 또 영어를 배우는지 물었다. 특별히 귀여워하고 친밀히 대하니 익숙하므로 이와 같이 하는 것이다.
○ 오후 6시에 공사관으로 돌아왔다.

1월 26일. 아주 추움.
○ 며칠 전에 우정 장관을 만났을 때에 서찰이 혹은 지체되거나 혹은 중간에서 잃어버리는 염려가 없지 않다고 말하였다. 장관이 말하기를, "조선과 미국이 만약 우체조약[5]을 맺었다면 서찰이 어느 지방에서 지체되거나 사라지는지 탐지할 수 있는데, 조약이 없어 안타깝다. 미국 지방에서 분실한 것은 탐지할 수 있지만 태평양을 건너 일본과 조선에서 지체되거나 사라지는 일은 조사하여 찾아내기 어렵다"고 하였다. 우정 장관이 별도로 편지를 담는 우체통 하나를 만들었는데, 장인匠人을 데리고 와서 공사관 문앞 벽에 부착해 주었다. 열쇠는 2개로 하나는 공사관에 두고, 또 하나는 우편을 수거하는 사람에게 맡겨 두었다. 공사관에서 전면에 있는 우체통의 문을 열고 편지를 넣으면 우체통 꼭대기 부분에서 저절로 편지를 부친다는 글자가 튀어나오고 편지를 가져간 후에는 꼭대기 부분의 튀

[5] 우편조약 체결을 위해 조선은 1897년 2월 20일(양력 3월 22일)에 이범진을 부미통우공회일등전권위원赴美統郵公會一等全權委員에 임명하였다. 5월 20일에 이범진은 워싱턴에서 우편조약을 체결하였다. 이 조약은 7월 29일에 비준되어 다음 해 1월에 고시를 거쳐 실시되었다.

어나온 글자가 도로 저절로 들어가서 편지가 들어 있는지 들어 있지 않은지 판별한다. 편지를 넣은 후에는 우체통 후면의 문은 공관의 열쇠로 열고 닫을 수 없다. 이 우체통에 넣은 편지는 분사分司가 출발할 때에 별도로 검사하여 잃어버리는 폐해가 없도록 피□(皮□) 1부部를 함께 가지고 온다. 서찰을 부칠 때에 서찰의 무게를 저울질하여 미국 지방 안에 보내면 우표 한 장을 붙이고 다른 나라로 나가면 두 장을 붙이므로, 우표의 값을 견주어 보아 그에 해당하는 돈을 피□에 넣어 보내는 서찰과 함께 우체통에 넣으면, 분사分司가 사례에 따라 우표를 붙이고, 세세한 절목節目을 소상하게 피□의 앞면에 기록한다. 혹시라도 더러워질까 염려하여 양각羊角[6] 조각으로 얇게 덮는다. 기계가 정교하고 뛰어나며 규모가 허술한 구석이 없는 것이 매양 이와 같으니 부러운 생각이 든다. 우체통의 가격과 기술자의 고용 비용으로 7원 반을 지급하였다. 해당 장관이 대책을 특별하게 베풀어 서찰을 보내기 편하고 쉽게 되었으니, 베풀어 준 은혜를 매우 고맙게 여긴다.

1월 27일. 흐리고 쌀쌀하며 눈이 옴.

[6] 양각羊角은 양뿔을 고아 만든 얇고 투명한 재질의 물품인데, 여기서는 편지봉투의 훼손을 막기 위해 겉면을 덮은 투명한 재질의 물품을 말하는 듯하다.

1월 28일. 눈이 그치고 바람 불고 추움.

○ 오후 5시에 아내 및 동료와 함께 오스트리아의 다회에 갔다. 다회에 사람들이 구름처럼 모여들었다. 여러 의식은 지난번 청국의 다회와 같았다.

○ 오후 9시에 동료 및 아내, 그리고 위종과 함께 대통령을 접견하러 갔다. 각국 사신과 미국의 고등관 및 자녀가 구름처럼 모여들어 번잡하였다. 대통령 내외가 위종과 악수하고 이름과 나이를 물으니 환대하고 아끼는 뜻이 있었다. 이번에는 윤의품【대례복大禮服[7]】을 착용하지 않고, 평상복을 입는다고 한다. 그러므로 소례복小禮服을 입고 옥로玉鷺로 장식한 갓을 썼다. 가서 보니 각국 공사는 모두 평복 차림이었고, 오직 미국 군부 관원은 금으로 장식한 예복을 입었다. 음식 대접은 없었다.

○ 11시에 각자 돌아왔다.

1월 29일. 맑고 쌀쌀함.

---

[7] 국가의 중대한 의식 때 입던 예복. 1895년 8월 10일에 대례복大禮服, 소례복小禮服, 상복常服을 제정, 반포하여 대례, 소례에 따라 대례복, 소례복을 입었다. 대례복은 흑단령黑團領, 사모紗帽, 품대品帶, 화자靴子로 하여 임금의 행차, 경절慶節, 문안問安, 예접禮接 때 착용하도록 하였다. 소례복은 흑반령착수포黑盤領窄袖袍, 사모, 품대, 화자로 하였다. 1900년 4월 문관 복장 규칙을 개정하여 대례의 복식服式을 서양식으로 바꾸었다.

1월 30일. 맑음.

○ 관보官報와 집에서 온 편지를 보았다. 집안과 나라가 태평함을 자세히 알았으니 다행이고 대단히 흡족하다.

1월 31일. 맑음.

○ 오늘은 음력 12월 29일이다.

【별첨】

○ 1월 21일 대통령 관저 연회 때의 좌석 차례, 남녀 합계 66인[1]

1. 선교사 멕키우(믹키우)
2. 우정부 장관의 딸
3. 코스타리카(셧스타릭카) 공사
4. 존슨(쫀슨) 부인
5. 아이티(헤잇틔) 공사
6. 상원 참의 쉬허민의 부인
7. 덴마크(丁抹) 공사
8. 아이티(헤잇틔) 공사의 부인
9. 베네수엘라(벤늬쉬엘나) 공사
10. 스위스(瑞士) 공사의 부인
11. 브라질(쁘레실) 공사
12. 과테말라(궂멀나) 공사의 부인
13. 외부外部 장관
14. 독일(德) 대사의 부인
15. 대통령
16. 프랑스(佛) 대사의 부인

---

[1] 원본에는 좌석 배치도 도면이 실려 있으며, 우측 하단부터 시계 반대 방향으로 착석자의 성명을 나열하였다. 본서 184쪽 참조.

17. 독일(德) 대사

18. 브라질(뿔레실) 공사의 부인

19. 스웨덴(瑞典), 노르웨이(那威) 공사

20. 오스트리아(奧) 공사의 부인

21. 청국 공사

22. 포르투갈(葡萄) 공사의 부인

23. 스페인(西班) 공사

24. 콜롬비아(컬럼비야) 공사의 부인

25. 포르투갈(葡萄) 공사

26. 드레이퍼(쯔레닙퍼) 부인

27. 온두라스(헌드라스) 공사

28. 칠레(智利) 공사의 부인

29. 벨기에(比利時) 공사

30. 싸토러스의 딸

31. 미놋트 부인

32. 상의원 참의 쉬허민(쉬허믹)

33. 선교사의 부인 멕키우(믹키우)

34. 드레이퍼(쯔레닙퍼)

35. 스틸먼(싀틸민)의 딸

36. 도미니카(또민늬칸) 서리공사

37. 부통령의 딸

38. 조선 공사

39. 메크레이(믹크레이) 부인

40. 러시아(俄) 공사

41. 코스타리카(코스타라카) 공사의 부인

42. 스위스(瑞士) 공사

43. 하와이(布哇) 공사의 부인

44. 칠레(智利) 공사

45. 베네수엘라(볘늬쉬열나) 공사의 딸

46. 네덜란드(늬터린드스) 공사

47. 멕시코(墨西哥) 공사의 부인

48. 프랑스(佛) 대사

49. 대통령의 부인

50. 영국(英) 대사

51. 외부外部 장관의 부인

52. 멕시코(墨西哥) 공사

53. 청국 공사의 부인

54. 과테말라(셔타멸나) 공사

55. 스페인(西班) 공사의 부인

56. 오스트리아(奧) 공사

57. 조선 공사의 부인

58. 하와이(布哇) 공사

59. 상원 참의 부인 그레이(크레이)

60. 터키 공사

61. 탐션 부인

62. 콜롬비아(컬럼비아) 서리공사

63. 보이드(쏘이드)의 딸

64. 메크레이

65. 상원 참의 그레이

66. 페루 부인

【끝】

원문

일러두기

사용한 표점부호는 다음과 같다.

,	문장의 구句 사이의 구분이 필요한 곳에 쓴다.
。	서술문에 끝에 쓴다.
?	의문문의 끝에 쓴다.
!	감탄문의 끝에 쓴다.
“”	직접 인용문을 나타낸다.
‘ ’	간접 인용문과 강조를 나타낸다.
、	명사나 명사구, 긴밀한 관계의 구문이 병렬일 경우에 쓴다.
:	뒤의 내용을 제시한다.
;	두 구 이상으로 구성된 절이 병렬을 이룰 경우에 그 사이에 쓴다.
▨	판독이 불가능한 글자를 나타낸다.
【】	원문의 소주小註를 나타낸다.

※ 원문에 특별히 띄어쓰기가 되어 있으면, 원본 그대로 띄어쓰기를 하였다.

| 建陽元年丙申。|

六月二十日。晴【陰五月八日】。

◯ 遞奎章院卿, 拜駐箚美國特命全權公使。

七月一日。晴【五月二十二日】。

◯ 陞從一品崇政。勅曰: "紀勳酬勞, 有國常典。駐箚美國特命全權公使李範晉特陞從一品。"

七月四日。晴。

◯ 陳章, 承批。批旨: " '省疏具悉卿懇。以卿勳勞, 乃心王室, 日昨特簡, 意豈徒然。卿其勿辭, 益竣使事。'事, 遣宮內郞宣諭。"

◯ 內下緞屬、藥封祗受。

七月十六日【六月初六日】。晴。

◯ 寅時, 辭陛, 陪奉國書、國旗及訓諭、委任狀。

◯ 率內眷與次子瑋鍾、李主事益采、下人朴慶昌, 卽出晩休亭, 拜辭萱闈, 仍

向三浦南陽主人金應善家。各部大臣、協辦以下及族戚、知舊齊來餞別，把酒分手。瞻望觚稜，轉盼孤雲，家國之戀倍切。仍向梧里店，三十里，中火。前往仁川港五十里。暮抵客主徐相根家，小憩。自法國兵艦水師提督防門【쌤모】送帖相邀。故乘三板小艇，入抵兵艦。食物及寢具預備豐潔，待之以上賓禮，良感。仍宿舟中。

◯ 艦中，水軍爲八百丁，將官二十八員，大砲二十餘尊，外他器械、什物極其精巧。此船，西洋一時，行四十英里云。臨行，不受賃船之費，寔出優待交誼也。

七月十七日。早陰，晩雨。

◯ 以發輪之由，電稟于宮內府。

◯ 未正，起烟。

◯ 前往家兒及門下諸人同時告別，甚悵。海上青山鬱紆綿邈，宛迎前度之客。

七月十八日。晴。

◯ 歷青山島、劉公島、威海衛，未正，到烟台港。樓觀輝映，帆檣鱗集，較看前日面目，大加興旺。

◯ 法督쌤모先入港口，探得上海去清國商船連陞號，不使下陸，直導遞船。遂與쌤모相別。以我國物産三種，略表紵縞之情。舟甫伊，四元行下。美國領事達納復許出付美公使施逸書矣。該領事馳到船中，諸般事到底周旋而歸。

◯ 出船位票，上等三員，每員，三十七元；小兒一員，半貫；下人一名，例無貫。合計一百二十九元五角。

○ 酉初, 發輪。

○ 自仁川至烟台, 二百七十英里。

七月十九日。或雨, 或晴。

○ 歷黃海蛇尾山。

七月二十日。早霧, 晩晴。

○ 酉正, 到上海。留美國店禮査이스터하우스, 主人常生젼쓴。上等食價, 每日, 七元。

○ 自烟台至上海, 四百英里。

七月二十一日。晴。

○ 閔尙書泳翊、美領事젼의간來訪, 俱爲回謝。

七月二十二日。雨。

○ 留館。涔寂之際, 穆麟德叩門來訪。九年前, 曾與此人伴, 遄烟台、天津。此日, 重逢萍水, 敍阻。

二十三日。雨。

○ 穆麟德又來。

二十四日。晴。

二十五日。晴。

○ 閔進士泳璇來訪。

○ 暑熱太烘, 移居上層樓, 殆有狂寒濯淸之意。

二十六日。

二七日。晴。

二十八日。早晴, 晩雷雨。

○ 閔台許武監回便, 上封書, 兼付家書。

○ 奧地利總領事溺水死。各國領事館懸半旗, 以致弔。

二十九日。

三十日。晴。

三十一日。晴。

○劇熱。

○尹協辦致昊、夫人馬氏來見。

八月一日。晴。

二日。

三日。晴。

○徐司果相根發向仁川本家, 來告別。

四日。

○大熱。

五日。晴。

六日。晴。

○美領事與美國人알난드來見。而此人將向美國, 約以伴行。同周旋, 甚幸。

七日。晴。

○接見昨日出烟台電報, 始知李僚二人來奇, 甚慰。

八日。半雨, 半晴。

◯ 李參書宜聃、李書記敎奭來到。

九日【陰七月初一日】。晴。

◯ 李主事益采還向本國。

◯ 付公私諸札, 上電報于大內。

十日。

十一日。晴。

◯ 閔進士來見。

十二日。晴。

十三日。晴。

十四日。晴。

十五日。早雨, 晩晴。

◯ 下午八點, 將向長崎島。美領事豫備小輪船, 直搭出吳淞口, 仍附英國郵船。船號, 淸國皇后엠푸릐스옵푸촤이나。一曰: 日本皇后, 一曰: 印度皇后, 此其一也。子正, 發船。

◯ 出船票及鐵路票【自上海至美國華盛頓。】, 上等二人, 各三百五十八元一角三分, 小兒一人, 上等半貰, 一百七十九元六分, 下等一人, 二百七十五元四角八分。【原貰中, 優待使行, 特減十分之二, 而只受此數。】保伊, 行下十五元; 쿠리【掃除之人。】, 行下十元。

◯ 子正, 發船。

十六日。晴。

◯ 終日, 展輪。

十七日。晴。

◯ 上午十二點, 到泊日本長崎島。曾在九年前, 遊覽此邦。磨驢踏舊跡, 儘非虛言也。

◯ 自上海至此, 四百四十英里。

◯ 下午八點, 啓輪。

十八日。大風雨。

◯ 船中人多有喀喀而嘔。余亦終日眩暉, 廢門不出。

十九日。晴。

◯ 歷馬關。【卽李鴻章受丸處也。】自長崎至此, 四百英里。

◯ 上午八時, 到神戶港。自馬關至此, 二百二十二英里。

二十日。晴。

◯ 下午八點, 到泊橫濱, 前洋留碇。自神戶至此, 三百五十英里。

◯ 駐日公使李夏榮、參書高羲敬、書記生李弼榮·劉燦、遊覽人李明翔聞余到此, 夜到橫濱店西村屋, 送刺, 卽送回刺。仍宿舟中。

二十一日。晴。

◯ 駐日使與高羲敬、諸人推乃酒來, 船中暢話半晌。

◯ 因發電于大內, 且付家書。

◯ 上午十一點, 往訪美國東洋艦隊水師提督네야, 茶酒款話。將還, 自美兵艦, 懸朝鮮國旗, 發禮砲十五次。約數刻後, 該提督爲回謝來見, 茶酒敍別。

◯ 午後三點半, 發向太平洋。

二十二日。晴。

◯ 伊夜, 舟中, 列掛各國旗號, 如屛幛樣。奏西洋樂, 其聲函胡淸越。洋人男女踊躍回旋, 舞蹈應節。夜分乃罷。

◯ 是日, 行三百二十二英里。北緯線三十七度十五分, 東經線一百四十四度四十九分。

卄三日【陰七月十五日】。

◯ 舟行始三日, 而凉冷之氣砭人肌骨, 北氷海漸近之致也。一天之下, 溫冷之候, 須臾頓異, 可訝。

◯ 是日, 行三百五十四英里。北緯線四十度, 東經線一百五十一度十二分。

卄四日。陰雨且風。

◯ 寒意漸緊, 洋人男女多有被毛着氅者。

◯ 是日, 三百五十四英里。北緯線四十三度八分, 東經線一百五十八度十二分。

卄五日。大風雨。

◯ 向夕小歇。終日起碇, 而舟形如桔槔, 隨波下上。令人顚掉, 着跟不得住。

◯ 是日, 行三百四十英里。北緯線四十五度三十二分, 東經線一百六十五度二十二分。

卄六日。晴。

◯ 舟行六七日, 宛是木落天高, 雁聲蛩音底氣候。坡翁所謂"悄然而悲, 肅然而恐, 凜乎不可久留者。", 非此耶。

◯ 是日, 行三百五十八英里。北緯線四十八度四分, 東經線一百七十三度十七分。

卄六日。晴。

◯ 是日, 行三百五十英里。北緯線四十九度二十三分, 東經線一百七十八度五分。

◯ 是日, 當用二十七日。而西人云: "加占一個日, 然後到美境, 則庶無參差云。" 故以時票計之, 則與我國差先四點, 如我國未正, 爲此處巳正。而漸差積刻, 至華盛頓, 則致有十二點之差, 與我國, 可爲子午相反。蓋我國二十五日之曉, 卽美國二十四日之夕。故我國二十七日, 亦以美國之二十六日用之者。蓋非一日之相差也, 不過是半日之差。而入美境, 不得不以西曆參較我曆而用之。故疊用二十六日。而干支則不變, 其法甚妙。

二十七日。晴。

○ 自此以往, 東西南北無不易位, 寒暑、晝夜亦莫不相反。此地之晝, 卽我國之夜也。最宜參互而看之。

○ 是日, 行三百五十英里。北緯線四十九度三十五分, 東經線一百九十六度七分。

二十八日。晴, 晩風。

○ 是日, 行三百六十二英里。北緯線四十九度四十三分, 東經線一百五十九度四十八分。

二十九日。早陰, 晩晴, 夕風。

○ 是日, 行三百五十二英里。北緯線四十九度三十六分, 東經線一百五十度四十三分。

三十日。朝晴, 夕陰。

○ 是日, 行三百五十三英里。北緯線四十九度三十二分, 東經線一百四十一度三十七分。

三十一日。晴。

◯ 是日, 行三百六十二英里。北緯線四十九度十四分, 東經線一百三十二度二十二分。

九月一日。晴。

◯舟行安穩, 甚幸。

◯ 是日, 行三百六十三英里。北緯線四十八度二十分, 東經線一百二十三度三十分。

九月二日【七月二十五日】。早陰霧。

◯辰正, 到兩國界。山口南則是華盛頓邑식테잇트, 美國界也, 北則是쏀큐버아일난드, 英國界也。樹木參差, 峰巒鬱紆, 洵佳境也。

◯午正, 泊빅토리아港。

◯是日, 卽萬壽聖節也。在舟中, 未克行呼嵩之儀, 不勝戀慕之忱。

◯是日, 行八十四英里。

三日。早霧。

◯ 不能行船。上午九點半, 始發徐徐, 抱山而行。十點初刻, 到泊쏀큐버【英國屬地。】。

◯是朝, 行九十英里。

◯下午三點, 下陸, 乘鐵路。保伊, 十五元; 廚子, 五元, 行下。

四日。晴。

○ 自昨日申初至今日巳初, 車行爲三百五十英里云。

○ 午飯于글나쉬어스, 暫停于쓰날드, 夕飯于픠일드。自此以往, 高山大岳壓臨路傍, 危磴疊棧巑岏截嶭。便是陳倉、劒閣之險, 杜工部「蜀道難」一篇, 可謂寫出眞境也。遙望處處, 峰巒揷入天際, 其上無非白皚皚。貌樣譬如廣鋪積雪, 橫掛疋練。詢其山名, 則曰碌鬼山。而此是瀑布也, 世界上最勝地云。余在東洋, 觀沛者多矣。朴淵、九龍、香山以至洪流、金流及日本之兄弟瀑, 無不周玩。而至於此山之瀑, 係是刱覯也, 壯人心目, 洵奇觀也。矧且此山之靈怪, 多產金、銀、寶石、煤炭之屬, 峀空波、桑港之富殷, 蓋由此也。

五日。晴。

○ 三時飯, 俱於車中喫之。所過之地, 純是英國界。而此地, 苦寒荒漠, 百艸皆黃枯, 如霜落後氣候。而彌山遍野者, 皆是綠杉、白楊等樹而已。五穀不登, 惟是牟、麥、藷、萄之屬。土曠人稀, 往往杉屋帖在岩壁間, 太半黑色人所占也。

六日。晴。

○ 朝飯于車中。到윈늬벅그。午火、夕飯于車中, 車行疾驟, 道傍之細沙、細石, 恰爲數擘之長。

七日【陰八月初一日】。曉雨, 朝晴。

○ 暫停于익쓸늬씨。自윈늬벅그, 一百四十英里。路傍之林藪茂密, 蔽虧

天日。每多毫烏之灾, 故預爲放火焚之。耕墾之土, 百不一二, 蓋居民之鮮少也。往往鑿山爲隧道, 如我國文殊窟、金剛門樣子。而車入其中, 純是黑, 窣地咫尺不辨。而良久始出於隧外, 天日復明。路傍之層峰疊嶂, 每多石崩沙汰之慮, 故斫其大木, 蔭路爲長廠。車行于其中, 又是漫漫柒夜光景, 頃刻之間, 倏爲晝宵。所謂"晦明變化者, 山間之四時"云者, 無乃近之歟。

◯ 朝飯于車中。馳到포트윌림, 暫停。約行數十里, 許見一大海。當前目力之所及, 浩無涯涘。其中, 点点島峰, 列若碁置焉。詢之則, 非海伊湖也。湖名, 上等湖, 레익쉬퍼리러。周圍二千餘英里, 在英、美兩國之間。風帆、火輪往來其中。及到中流, 只是天水一色, 茫無一点島嶼云。間設港口, 貿遷土産之貨。我國之三日、永郞, 淸國之彭蠡、洞庭, 特其一勺之水而已。「子虛」所謂"兇呑雲夢者八九, 不少芥滯"者, 非此耶。沿路, 多有電信局、停車場、料理店, 隨站安排, 此皆鐵道會社所設云。

八日。自曉暴雨, 朝晴郞。

◯ 所過處, 湖水盡而山或出, 山盡而湖更出。或鑿山爲隧, 天日俱晦; 或架木爲機, 下臨無地。

◯ 朝飯于노웃쓰小停。距峀空波, 二千五百四十二英里。上午十一點, 到망우토이울暫停。此是英國督總所住處。大路繩直, 鐵道之線幾十條。屋宇焜耀, 肩磨轂擊。而汽車之速, 尙嫌其太遲。以電氣爲車, 倏忽自行, 鬼運神輸, 閃若風雨, 不可摸捉。下午七時, 過호타와。自碌鬼以下地名, 統稱加那多【譯云카나다。】。地方, 數千英里, 大野茫漠, 際天無涯。雖以登、萊、杭、浙之平遠, 猶難伯仲於其間也。

○ 自쌩큐버至망운투리올, 汽車, 三人所宿床貰, 每人六元。紐約至華盛頓, 每人坐床貰, 三元七角五分。

九日。晴。

○ 上午九点半, 抵싼풀익카, 遞把美國汽車。此是英、美分界處也。馳過石村。午點于車中。下午十時, 抵紐約, 와우이店留宿。朝、夕飯, 每員, 金貨四元二角五分, 可謂炊金饌玉也。

○ 짤난드告別還家。

○ 電報于美京公館。

○ 自此, 距쌩큐버, 三千四百英里。

○ 紐約之形勝, 大海環繞, 架水爲虹橋, 高入天半, 風帆、火輪往來于橋下。其上, 汽車、電輪, 轟若雷霆, 歘若星火, 望之如天上仙人飛過銀浦橋。屋宇稠匝宏傑, 至有二十五層樓。商貨雲集, 物産山積, 此爲世界上絕大都會, 而與倫敦、巴里互爲伯仲者也。

十日。晴。

○ 上午十一点, 發紐約。至停車場暫駐, 因乘舟渡江, 江名헛쓴의리발, 江廣約一里。此去美京, 四百英里。沿路, 屋宇櫛比, 金碧炫煌, 不知爲幾千萬落。田疇膏沃, 五穀蕃熟, 耕種穫耨, 皆以機器。牛羊無瘯蠡之患, 鳥獸無獝狘之色, 擧皆熙怡自得, 可謂至治之世也。亭午, 到停車場。徐公使光

範、朴參書勝鳳、徐直赴丙奎出待路次, 握手敍懷。遞把馬車, 申初,[1] 抵公館。本國學徒金憲植、李喜轍、林炳龜、安廷植、呂炳鉉、李範壽、李廈永曾在日本學校肄業。昨年八月, 事變後, 以爲國讐未報, 不共天戴, 遠涉鯨濤, 來駐美國學校受業。其忠義之氣, 甚可嘉也。是日, 齊來見。

◯ 核計, 陸路行爲三千八百三十英里, 水路行爲六千四百七十英里, 合爲一萬零三百零七英里。以我國里數【十英里爲我國三十里。】乘之, 共得三萬零九百二十一里。

◯ 按, 美利堅國, 卽北亞米利加最大之一邦也。其境, 則東至大西洋, 西至太平洋, 南連加拿馬, 北接英吉利未墾地。人種, 概白色。語音, 與英國無異焉。西曆一千七百七十五年, 美之人民不勝英王之暴厲【該屬國舊於英。】, 推惹爾日華盛頓爲大將, 起兵抗英。凡八年, 互有勝敗, 迨八十一年十月, 英兵悉降於惹爾日華盛頓。此時, 法國與西班牙聯合而聲援美國。於是, 英國上下深用爲悔。八十三年一月二十日, 英、美兩國, 各派使臣於法京巴里府, 結盟, 永准美國爲獨立。其後, 土地漸拓, 人口漸增, 聯合四十五邦【卽合衆國。】。都城人口, 二十五萬。街巷, 以英字反切二十五字標之。全國人口, 六千五百萬。地方, 則東西三千英里, 南北二千英里。面積, 三百零九萬五千二百四十五方英里。八部, 則外部、內部、度支部、郵政部、軍部、水師部、法部、農部。外他, 高等裁判所、刑事局之類屬法部, 商工局、學務局之類屬內部。且設國會堂【上議院】、民會堂【下議院】于都中。此都, 舊屬古倫飛亞州。西曆一千八百年, 大統領多馬遮費孫, 自匹羅達皮阿, 移

1 원본에는 抄로 되어 있는데 문맥을 살펴 바로잡았다.

都于此。因取當初獨立樹功華盛頓之名名。此都係非開港處, 故物貨、人民雖不及桑港、紐約等地, 而開都百餘年之間, 屋宇之建築, 廠鋪之殷盛, 道途之整潔, 車馬之坌集, 眞個是西毬一大都會也。各國公使之來留者爲三十館【各國十九, 南美十一。】。他國商民, 不許入都行販, 蓋出権利之計也。

○ 時刻, 與我國較, 差爲十一時四十八分三十九抄。地球度數, 則此邦在一百七十七度, 幾爲全徑之半也。此地則近於熱帶, 我國則溫熱二帶之間也云。

○ 御眞、睿眞各一本奉安于公館正壁。此是朴公使定陽所瞻慕之地也。依我國外道例, 每於朔望日, 行望拜禮, 略伸倚斗之忱。

十一日。晴。

○ 午后, 遞公使。以新公使到館之由, 照會於美外部, 謄送國書副本一通, 且爲電報于我外部。

十二日。早晴, 午雨。

○ 짤난듸來訪。屢萬里伴行之餘, 欣握敍懷。

十三日。晴。

○ 電稟于大內。

○ 與三僚同乘馬車, 往觀紀念碑。此是華盛頓獨立紀功之所也【譯語, 와승톤 만유먼也。】。碑高五百五十五尺【與埃及國三角塚, 其高相搏云。】, 上殺下廣, 廣約十許間, 輸集各國之石, 築之。空其中, 中立鐵柱四株【高

五百五十餘尺】, 懸電氣車, 遊覽人乘此車而下上, 或由鐵機而陞降。鐵機之製, 以鐵片橫刻爲紋, 每機, 以鐵片十七板安之。其級爲五十層, 夥人下上之際, 足蹬相應, 如雷霆轟殷。最上層設八窓, 望之, 花旗一局瞭在目中也。

◯ 因向動物院。奇禽怪獸, 無不畢集。禽則鸚哥、孔雀、鴡雞、鷩雉、鵑、鴈、鴇、鷲之倫, 群居匹處, 鎖以鐵網。獸則豺、虎、豹、狼、熊、羚、麞、兎、麋鹿、犀象。間以四尺之獒, 狺狺群吠, 十丈之䮧, 垂胡岳立。獅子之大, 獰狠桀驁, 見人噴氣, 目光如炬, 所謂"奮迅咆哮, 百獸腦裂"者, 非耶。復有空廠幾十間, 羃以鐵索, 任其往來食息。且蛇、虺、大蟒之屬, 贔贔蜿蜒, 蟠結于古楂上。青蛇數條行走于琉璃匣中。兩頭之蛇, 其尾如頭而小有口, 能戛然作聲, 此非常山之率然, 擊其首, 則尾至者耶。巴蛇呑象, 三歲而出其骨者耶。復見魚、鰕、黿鱉之屬遊戲于汚池中。鰐魚之大, 恰爲數丈, 色黑, 口弇鉅齒槎枒, 退之所謂"潮州之患", 蓋以此也。奇怪萬千, 不可殫記。日曛門閉, 不得周玩而返。

十四日。早陰。

◯ 與徐大臣往見外部第二協辦에드而歸。

十五日。早陰, 晩雷雨。

◯ 公館所儲書册、器皿、衾具、床卓諸件, 點簿妥筭。

十六日。晴郎。

十七日。曉雨, 朝陰, 午晴。

十八日。晴。

◯ 與二僚乘馬車, 向博物院미유시음。以我國所産坡州竹葉石一片【其形楕圓, 其文天成, 如竹葉, 可愛。】, 持贈掌院者, 以證寒山可語之跡。院之長約爲百餘間, 其廣半之, 以琉璃逐件爲匣, 多貯古今珍怪之物。凡係文房之寶、玩好之具、日用隨身之物, 無不滙萃。虫魚禽獸, 獰頑蠢蝡之類, 玉石、水晶、種乳, 玲瓏璀璨之狀, 以至各國人物塑像及死人骸骨、全體小斂之屍, 髂棺槨與夫虫魚禽獸之骸, 其積如山。鰐鯨、蛇象之骨, 其大專車, 側立橫竪, 不可綜計。至于一處, 則立我國人塑像, 着折風笠、網巾、靑道袍、白皮鞋、束帶、獵纓, 而目睛不變如生。以至金冠朝服、衣襨、器具列置于傍。淸國則別設一局而貯之。巡査一人跟之而行, 以防損傷也。

◯ 出門, 乘車, 轉向老兵院숄저홈。床卓、衣食之具畢備矣。日曛乃歸。【南美之人, 買黑人爲奴婢, 以多者爲富; 北美之人, 以爲買人爲隸, 無異獸畜, 此爲野蠻之俗。以此開衅, 北人一戰而克之, 盡贖黑人而免賤焉。曾赴是役之兵, 設此院以養之, 賞其功勞。】

十九日。晴郞。

二十日。晴。

◯ 與徐光範及二僚偕乘馬車, 午後, 往觀畫鬪院。院制, 約十餘間, 上設圓坮, 架以二層梯。涉級之際, 黑闇如柒夜。及到上層, 則谽然開郞。人給二十五錢, 然後許入焉。登臨而望之, 則數百里山川, 溪沼、原隰、草木、禽獸、田疇、郛郭、屋宇之瞭在目前。中闢一大開衅之場, 此則南北花旗兩國兵鏖戰之像也。壯士幾萬人, 人各騎馬, 手執鎗銃, 一齊放丸, 烟痕漲天, 塵頭滿地。或有下馬搏戰, 拳踢交加; 或有敗甲折戟, 奔走倉皇; 或有中丸仆地, 血痕朱殷; 或有駈車直前, 穀穗蹂躪。南兵之服, 紫赤, 北兵之服, 青黑。兩陣對圓, 蟠地楓天之勢, 井井不紊, 芟芻之積, 其峙如山。帳幕之設, 其廣遍野, 坐作進退之序, 喑啞叱咤之狀, 前茅後勁, 金止鼓行之形, 宛然模寫, 得十分停當, 如入鉅鹿之野。從壁上視之也, 韓退之「畫記」一篇, 恐不足以形容其萬一也。

○ 轉向議事堂, 門庭、軒館、屋宇宏敞。其藏書之堂, 白玉石爲柱礎, 黃金代尾, 花磚鋪地, 洵壯觀也。日晏, 乃返。

二十一日【陰八月十五日】。晴。

○ 是日, 卽我曆嘉俳日也。身在天涯, 戀國懷鄉之心殊切。

○ 學務總裁닛톤來。老學優云。

二十二日。早陰, 午雨。

○ 敎師핏써어來見, 卽元杜尤先生也。

二十三日。晴。

○ 學徒林炳龜、呂炳鉉、李範壽、李厦永將往遊英、佛兩國, 齊來告別。桑蓬之志, 甚可尙也。

二十四日。晴。

◯乘馬車, 午后, 往寫眞館, 內眷與瑋鍾搨小影。

◯仍向觀魚館。其四壁, 以琉璃[2]爲大櫃, 無數魚鼈, 種養其中, 水草、水泡石、菱芡之屬, 間間栽之, 依然有濠濮江湖底意思。養魚丁, 以小網盛來小鰍, 數三個投之, 衆魚張鬣鼓腮, 奮躍後先, 畢竟沒呑小魚。現今世界局勢, 無非大者食小, 自不無興感。晡後, 還館。

二十五日。

二十六日。晴。

◯是日, 卽大行王后昇遐之辰也。不勝痛霣之沈, 以電問安于大內。

二十七日。

二十八日。晴。

二十九日。終日雨。

◯夜大風, 大木斯拔, 屋宇皆掀動, 至夜半不能寢, 吁可畏也。

三十日。晴。

---

2 원본에는 硫璃로 되어 있으나 오기로 판단되어 바로잡았다.

十月一日。晴暄。

◯ 自今朝, 始作朝鮮饌。

十月二日。

三日。

四日。

五日。

六日。晴。

七日。晴。

◯陰九月初一日, 與二僚, 早朝, 行望拜禮。

八日。

九日。晴。

◯ 大統領自避暑所還御云。

◯ 是日, 卽余生日。自多劬勞之感。

十日。晴。

十一日。早陰, 晩雨。

十二日。微雨。

十三日。陰。

◯ 因郵便, 見家書。

◯ 美外部照會來到, 以明日午正呈遞國書之由爲期。

十四日。朝晴, 晩雨。

◯ 午正, 參書官李宜聃奉國書櫃在前車, 公使在中車, 書記生李敎奭在後車。服色用烏紗帽、烏角帶、黑團領、木靴。偕往外部, 則大臣알은네出接, 授名帖三片。遂與偕行, 至大統領館所內門前, 下馬車。外部大臣先導同入, 至接客所, 依次序立。未幾, 大統領出來而立。少進數步, 一點頭爲禮。大統領亦點頭爲答。外部大臣立于其左, 公使在右。仍讀祝詞曰: "大朝鮮國特命全權公使李範晉欽承我大君主陛下簡命, 齎奉國書, 謹致大美國大伯理璽天德, 庸伸益敦之誼, 仍行駐箚。敬祝大伯理璽天德, 純嘏無量, 永享昇平。" 讀畢, 參書官奉傳國書于公使, 公使奉呈于大統領。大統領親手接奉, 遞交外部大臣。大統領讀答祝詞曰: "미시터公使。大朝鮮國大君主陛下게셔 貴公使를 駐箚合衆國政府홀 特命全權公使를 作爲ᄒᆞ신 書를 貴公使의 手에셔 余가 欣悅히 親接ᄒᆞ고, 尊貴ᄒᆞ신 陛下게셔 兩國友誼敦

睦ᄒᆞ믈 思ᄒᆞ샤 繼好勿替ᄒᆞ시는거시 余心에 喜悅이오。余가 貴公使게 約ᄒᆞ노니 貴公使가 此京城에 在ᄒᆞᆯ 間에 셔로 友誼親睦ᄒᆞ야 兩國이 和平ᄒᆞ믈 望ᄒᆞ고, 余가 貴公使를 欣喜히 引見ᄒᆞ노라。"

讀畢, 仍與公使以下, 皆幄手爲禮。因問曰: "朴公使定陽, 年前扶病還國, 今生存否?" 公使答曰: "無恙, 現爲內部大臣。" 大統領曰: "前番使臣來時, 已多親睦, 而今又公使來此, 尤爲欣祝。永久親睦, 一如初約時。" 云云。公使答曰: "感謝感謝。" 大統領又與公使以下三人握手爲禮。次序退出。徐公使, 因身病, 未得親呈遞書, 新公使并呈。而外部舊事已多其例云。

◯ 未正, 乘馬車, 往訪各部長官八處及副統領、裁判長。外部長官르리와드알으네, 農部長官스털잉모튼, 郵政部長官월렴윌슨, 水師部長官힐러리허버트, 軍部長官쏀열라몬트, 度支部長官쫀지칼나, 內部長官쩌쌔드섀란스이스, 法部長官쎠드슨하몬, 裁判長쭐어, 副統領ᄋᆡ드라이시틔분슨。名啣送于紐約本家。

◯ 各國公使館二十九處。英國公使줄늬안폰스훈, 法國公使핏틔녓트리, 義公使쓰퐈바, 德公使믹스본쏠몬, 墨西哥公使쎤밋듸어스로미로, 늬덜닌스南美公使우얼그컬는, 土耳其公使믜부르늬베, 南美뽜레이실公使민쎵거, 南美컬럼비아公使쎤호세, 非利是公使쎄잇트, 瑞典公使그림스, 南美코터멀나公使쎤인톤이오, 南美췰네公使싼간나, 淸國公使楊儒, 南美빈늬수얼나公使호셰인드릐드, 奧公使본힝거보려, 南美헌드릐스公使쎤안리거, 瑞士公使피오더, 西班牙公使쎤들노미, 丁抹公使콘시탄튼섀론, 布哇公使힛취, 南美에콰도아公使쎠카보, 俄國公使이듸컷시보, 葡萄牙公使선토트러소, 南美아젼틘이포불닉公使미오로, 日本公使星亨, 南美코시터릭

카公使썬칼보, 南美쏘미늬칸이포불릭公使우어스위킬, 南美헤이틔公使레거。及到其家, 初不下車, 只於門外, 入送名帖而還。【名帖, 則每片, 摺其上隅, '以謝其不入'。】此皆各國之通例也。

○ 且以書國呈遞之由電報于我外部。

十五日。晴。

○ 法國公使핏트넛트리投帖而去, 부레실國公使민쎵거來見, 墨西哥國公使썬밋듸어스로미로來見。

十六日。晴。

○ 日本國公使星亨、淸國公使楊儒、버늬쉬렐네國公使호세읜드릭드、海軍長官힐러리허버트、늬더린스國公使우얼그컬는、헌드릭스國公使씬안리거、칠네國公使짠칸나、코스타리가國公使썬칼보、奧地利國公使븐힝거보려投帖而去。

十七日。晴。

十八日。晴微寒。

十九日。晴。

二十日。晴。

○ 意大利公使쓰롸바、葡萄牙國公使신토트러소投帖而去。

二十一日【九月十五日】。晴。

○ 早朝, 與諸僚行望拜禮。

○ 西班牙公使뚜샏이、俄羅斯코씨부及컬럼비아公使린지포投銜而去。

二十二日。晴。

○ 瑞典公使그럽스投銜而去。

○ 因郵便, 付上家書。

二十三日。早陰, 夜雨。

○ 土耳其公使쌔이投帖作別而去。

○ 午後, 回謝海軍大臣힐러리허버트, 不在家。其女, 年可二十歲, 出客堂迎接。談論世界事, 反勝於男子, 蓋學文習熟故。而各衙門書記等官女人亦受金課日赴衙云。

○ 外部大臣알은네投銜而去。

卄四日。

卄五日。晴。

○ 往見뽀레실國公使민썽거及뷘의슈얼나國公使호세인드릭듸而歸。

二十六日。晴。

◯午後, 往訪英、法、日三公使而歸。土耳其新公使모스타퐈쌔이投帖而去。

二十七日。晴。

◯農部大臣스럴임모튼投帖而去。

◯英、俄兩公使來訪。

二十八日。

二十九日。晴。

◯丁抹國公使뿔언投帖而去。

◯日公使星享來訪。

三十日。晴。

◯遞信大臣월럼월슨投帖而去。

三十一日。晴。

◯是日, 大行王后誕辰也。與徐光範及二僚行望拜禮。

◯清公使楊儒投帖而去。

十一月一日。晴。

◯빈의수얼나國公使호셰인드릐도來訪。

◯因郵便, 付上公私書封。

十一月二日。暄。

◯ 送璋鍾于小學校, 受業。

◯ 白耳義國公使께잇트投帖而去。

三日。晴。

◯ 大統領, 今日, 投票選擇。而불하연主造銀貨論, 믹힐늬主金貨論。而믹힐릐以多票爲之。

◯ 見外大答書。

四日。雨。

◯ 見家書。

◯ 新選大統領, 而明年三月將赴任。美國政府, 是夜, 先以一百放大砲爲敬禮, 蓋其遺例云。

五日。雨。

◯ 陰十月初一日。早朝, 與諸僚行望拜禮。

六日。晴。

◯ 法國公使괴트넛트리來訪。

(七日, 缺)

八日。

九日。

十日。晴。

十一日。微雨。

十二日。雨。

十三日。晴。

○俄國公使來訪。

十四日。

十五日。晴。

○付上公私書。

十六日。晴。

○瑞士國公使끠오다投回帖而去。

○午後, 回謝英國公使。

十七日。晴。

◯ 天主堂敎宣師女人來乞施助, 故以三元錢給之。而考見其施主册子, 則各國公館多亦損助也。

十八日。晴。

十九日。晴。

◯ 早朝, 與諸僚行望拜禮。

二十日。陰寒。

二十一日。雨。

◯ 南美에쾌두아國코끠港口間, 以回祿之灾, 屋比延燒。燒死之人爲幾百口, 無家乏食之人爲三萬餘口, 合計損害之財爲八千萬元, 今方更爲經紀。而各國領事官列名發簡, 輪示于各國公館, 來請補助。見甚矜惻, 而現今經費不入, 自救不暇, 故姑未損助。其萬一各國所視, 自不覺愧忸。

二十二日。晴。

◯ 每日上午八九點, 都下男婦童穉打扮挾册, 往趍于學校者, 坌集輻湊。而以至全國之人民皆如是, 文明進步之俗, 烝烝日上, 令人艶羨。

二十三日。

二十四日。晴。

○ 今日, 惟我太子妃誕辰。與諸僚行望拜禮。

○ 美國之紳弁及儒士, 以至各國之使价, 每與酬答之際, 多以爲貴國之因封, 尙未過行, 而大君主陛下何不還御之由爲問, 則無辭可答, 悚忸之心交迸于中也。

○ 挽近罕與交接, 閉門看書。

二十五日。晴。

二十六日。晴。

○ 今日, 卽洋語所稱씨빙데이。在昔始得美國後, 得取飮食之日也, 稱以賜食日。紳士及平民等相爲感謝, 祝願於天主。每以是日, 下旬木曜日, 大統領擇定而行之。伊日, 多辦饌具而宴樂之。且相餽遺之, 競爲華飾, 遍遊街巷。所尙之饌, 卽七變鳥肉, 洋稱테기也。全體煮之, 以餡納之于雞腹中, 以線縫之, 蒸熟後, 坼而啖之。以香芹菜加于其上, 其味可口。此饌, 美之人甚好之也。

○ 淸國公使楊儒住玆有年日, 故移拜俄國公使, 與其書記官一員偕來告別。伍正邦爲駐美公使云。

二十七日。晴。

○ 英國公使夫人及布哇國公使히취來訪, 學務課長女人시미트來訪。

二十八日。雨。

二十九日。雨。

三十日。

○ 早起, 推窓而視之, 銀山氷海一滾滾, 是白皚皚天地, 係是入此邦, 入此冬後, 初見之雪也。天氣且栗烈, 渺渺天涯, 只切瓊樓高處, 不勝寒之戀也。

○ 午後, 回謝英國公使夫人及學務課長女人시미뜨而還。

十二月一日。陰冷。

○付上公私書封。

十二月二日。寒酷。

○ 上午十點, 往見外部大臣而還。

三日。晴。

四日。晴。

五日。晴。

○陰十一月初一日。早朝, 與諸僚行望拜禮。

六日。暄。

◯俄國公使來訪。

◯美外部局長로닉與其夫人來訪。

七日。晴暄。

◯ 是日, 初則月曜日。依獨立後憲法, 例開議事堂, 政務、財産豫皆打算。而現今要件, 乃金銀貨較正其便否也。

八日。

九日。

十日。晴暄。

十一日。晴。

◯寫眞工來到, 榻出小影。

十二日。陰冷。

◯午後, 回謝俄國公使。

十三日。晴暄。

◯ 美國之大都會處, 人家稠密, 每多失火之患。各街掛靑紅兩色灯, 失火,人按其機括, 則自救火。會社中, 則知其某街某家之失火, 急以水龍機械載于馬車, 其奔馳之勢, 如風掣電閃, 遠則十五分, 近則二三分時刻到達。該失火之家, 萬瀑齊注, 若建瓴之勢, 懸河之狀。傍觀者幾萬人, 環立如堵, 寂如銜枚, 可嘆其雍容規模也。

十四日。晴暄。

◯ 洋人云, 三百年前, 此土之氓俗貿昧, 卽一野蠻也。亞細亞人賣以一餠茶, 其價爲金錢八十餘元。不解其煎烹之法, 以杵搗碎爲屑, 和水而啜之, 以爲至味, 眞是可笑事。且値冬寒, 則以薪爇火之于房中, 不知有烟筩泄氣之法。且無匙箸, 以手掬飯而啖之。一自開化以後, 機巧日增, 慧竇漸開, 直與歐洲各國聯鑣併駈, 判不爲三舍之退也。今則鐵道之積爲五萬餘英里, 郵筒遍于各地方, 電局之設爲一萬二千餘所, 兵器、軍艦極臻精緻, 民殷國富, 物豐人繁, 將來進步不可預量也。以今我國之形便, 較看於美國未開化之前, 則不啻天壤矣。君臣上下宵旰勵精, 發憤共理之秋也, 勉旃勉旃。

十五日。陰冷。

十六日。雪寒。

◯ 付上公私書封。

◯ 美外部大臣夫人請邀。故午後, 與內眷同訪于其私第。

十七日。晴冷。

◯ 썰림베진나地方、으로록地方學校統領쓰리허來訪。

◯ 下午五時, 往赴칠리國公館茶會。而到其門前, 則下人預待立于門首, 開馬車門, 因爲前導, 入于內門。而門內, 主人之女新着白緞長裙, 手握月桂花一枝, 握手點頭, 仍導內房門, 則該公使夫人坐于食床上頭, 又一夫人坐于食床下頭。而主夫人坐床不起, 只擧手握禮, 仍勸茶果、餠糖之屬。顧其左右, 曲曲花叢, 面面電灯。各國男女, 蓋爲數百人, 或坐或舞, 或立或彈琴唱歌, 任其恣行, 而傍若無人。及其還也, 不須作別主人而去。幾日後, 名帖更傳于茶會主人, 而不必入見, 只謝腆饋之誼, 例也。

◯ 德國公使헤일만投帖而去。

十八日。

十九日。晴。【十一月十五日】

◯ 早朝, 與諸僚行望拜禮。

二十日。早陰, 晚晴。

◯ 年少沒覺之輩, 一入歐洲, 纔通洋字, 動稱開化, 上無君父, 下無長僚, 四維付之芭籬, 自行自止, 少無忌憚。如此之類, 雖通西洋學問, 於國家事, 有害無益。凡公使及參書等官, 不得不以有知覺、有實地、有向上、有不忘本之人差送, 則庶無僨誤。生徒, 則不可不以年少者多派外國, 而質慤者爲上。設或有薄藝, 若輕薄無主心, 則忘本背義, 必爲十之七八也。

二十一日。雪。

◯今日, 亞歲也。行望拜禮。

◯遙伏祝獻襪履長之忱, 而更切感舊痛宛之下情。

二十二日。晴。

二十三日。雨。

二十四日。晴冷。

二十五日。晴。

◯ 今日卽耶蘇生日也。此乃歐美國, 一年內大慶節。前期二三週, 各市製造玩好之物、兒輩遊戲之具以賣之。其前, 預斫松杉等木, 挿于大盤中, 懸各色彩緣, 又爲植燭於枝上。謂其樹曰크리스마스木。竪於各人家內, 望之鬱蒼, 便成林藪也。食物, 則惟七變鳥及雞、鵝鴈、猪等類。伊日, 男婦朋友, 各以物品, 互相贈遺之。其前夜, 則市門通夜不扃。寺中, 鳴鐘奏樂, 溱說宣教, 人肩相磨。蓋美國之俗有六大慶節。一月一日及二月二十七日華盛頓生日, 五月三十日安陵頓弔魂日, 七月四日獨立日, 十一月賜食日[3], 無定日, 及此日也。每於此等日, 上自政府下至閭巷, 休暇宴遨也。

◯伏承宮內府電旨。

3 원본에는 月로 되어 있는데 문맥을 살펴 바로잡았다.

二十六日。晴。

二十七日。晴。

二十八日。晴。

◯ 郵便大臣윌슨投銜而去。

◯ 大統領, 以一月一日, 邀見公使以下諸員事, 外部通牒來到。

二十九日。晴。

三十日。早雨, 晩霽。

◯ 度支大臣夫人갈라일與其女來訪。

◯ 午後, 訪俄國公使, 不見而還。

◯ 노드리거國【南美】公使계야率參書官、書記官來訪。書記官, 其子, 而年可十五六歲, 爲人絕妙。

三十一日。晴。

◯ 美外部大臣, 以新年一日, 大統領接賓儀節一通, 錄送。故開列于左。

"一月一日上午十一時, 大統領及副統領接見內閣諸員、各國公使及公使屬官員。一月一日上午十一點十五分, 接見裁判長及地方諸裁判長。一日上午十一点二十五分, 上下議員、前任各部長官。一日上午十一點四十分, 海、陸軍官員。一日正午十二点, 各部長官及各局長。一日十二点十五分, 已往出征老兵之長官等。一日十二点三十五分, 與全國百姓, 共爲茶會, 至于下午十二点。入白屋時, 馬車入于東門, 出去時, 向西門而去。步行人則入于西門, 出于東門。大統領夫人、副統領夫人、內閣諸員夫人傍立, 與大統領, 共爲接賓。又於一月七日, 爲內閣諸員設宴。十四日, 自下午九点至下午十一点, 爲各國公使設茶會。二十一日, 爲各國公使設讌。二十八日下午九点至十一点, 爲上下議員、參議及裁判長設茶會。二月四日, 爲高等裁判官設宴。二月六日下午三点至五時, 大統領夫人設茶會。十一日下午九点至十一点, 爲海、陸軍官員設茶會。十八日下午九点至十一時, 公同茶會。"

|建陽二年丁酉|

一月一日【陰十一月二十八日】。陰。

◯ 早朝, 與諸僚行望拜禮。

◯ 上午十一時, 與諸僚, 爲新年賀禮, 往大統領館。而入東門, 則巡檢, 自門至陛, 間間稀立, 因導馬車。至軒門前, 一官導入軒內。而又一人導之房之西門入。而大統領居其中間門闥內, 握手, 大統領夫人亦握手, 無他言。因向房之東門, 還到下車處, 旋還。而各國公使、男女官紳數千員併肩而立。雖無大語酬酢之聲, 轉合如隱雷。而大統領內外植立門內, 許多人, 這這握手, 亦一大苦役也。

十二點, 赴外部大臣私第, 喫朝飯。而外相之內外立門內, 迎接來賓。食品則恒用饌羞。人數, 比之於大統領接館, 則假量爲五分之一也。一時半, 還館。

還後, 往副統領私第, 只留名帖, 不見而還。此乃通例也。

◯ 벨졈國公使씩게일將還國, 投帖作別而去。

◯ 俄國公使惠以彩花一盆, 紅瓣綠葉, 芬芳可愛。

◯ 上隣家폴코너以錦方枕一團遺之, 寔出新年相贈之例也。

一月二日。晴。

◯ 大統領, 以一月十一日下午八點, 設宴, 一月二十四日下午九點至十一點, 設茶會, 各館公使及屬官請邀之意, 外部大臣請牒來到。

一月三日【陰十二月初一日】。陰霧。

◯ 早朝, 與諸僚行望拜禮。

◯ 伏承宮內府電旨, 而聖眷如天澤, 及四萬里之外, 感淚迸集。寂莫旅館, 和氣忽動, 繼切倚斗攢祝之誠。

四日。陰。

◯ 午後, 回謝度支大臣夫人목슌及前陸軍小將夫人及其女媳。又爲回謝於헌드릭스【南美】公使로드리거스及英國公使。又爲回謝픽튼夫人茶會[4]請帖。且爲回謝於博物館總辦夫人위일슨、外部大臣及其夫人及協辦록힐、第二協辦에이듸、第三協辦쏄듼、局長을왜릭齊送名帖。亶由新年相問之例也。

五日。曉雨, 朝晴。

◯ 回謝美外部大臣及淸國公使、俄國公使、컬럼비아國公使而還。

六日。晴。

◯ 淸國公使楊儒與其夫人及書記官一員來訪。布哇國公館書記官하스팅

4 원본에는 回로 되어 있는데, 문맥을 살펴 바로잡았다.

스來訪。美外部長官私書記官쏠난포드投帖而去。

七日。晴。

◯ 議院之內, 設上下議院兩處, 又設高等裁判所。而爲其均聽廣布, 自該所出入門票, 例派高等官, 與各國公使館。而聞今日有大開議席云。故持票到議堂門前, 則守門巡檢考票導入。而原有各國使臣定座。故仍坐俯觀, 則副統領主壁獨坐之, 次議員列坐其次層, 之次議官列坐軒之平層。而其中一人蹶起, 論說政事。言畢後, 副統領以小椎敲其書案, 則又一人蹶起論政。堅白同異之論, 造成雌黃, 而副統領則黙坐參聽, 取其多論。雖欲用私, 間不容髮, 眞良法美規也。仍向下議堂, 則一揆無差。又向高等裁判所, 則裁判長八九人着黑緞長袖袍, 箇箇皓髮老成人。而對訟兩隻, 下層據床而坐, 一人先訴情由, 言畢後, 一人又訴情由。則請裁判長參其兩隻之曲直是非, 考其律文之襯當, 照律裁判。而左右局外參聽者不可勝數。若有處死之人, 則請來敎師, 爲天洗盟, 以導後生善人後, 處絞。罪人就死如生, 少無含憾也。每日, 開議席云。歷觀册庫, 則方張改築, 而金瓦玉壁璀璨炫煌。全倣羅馬古制, 非徒奢靡, 還爲淫巧也。

◯ 下午五點, 往赴컬럼비아國公使館茶會。

◯ 墨西哥公使夫人로메로投銜而去。

◯ 前外部大臣, 今爲法律學士화스털投銜而去。"此人能貫通公法。曾於淸、日立約時, 爲其雇用, 受食累萬元"云。

八日。晴。

◯ 軍部協辦도오與其夫人投帖而去, 下議院參議ᄆᆡᆨ클르리與其夫人投帖而去。

(九日, 缺)

十日。晴。

◯ 南隣公館, 빈늬수얼나國公使호셰드ᄅᆡ듸與其女來訪。

十一日。晴。

◯ 午後, 回謝下議院參議與其夫人ᄆᆡᆨ클리及前外部大臣與其夫人ᄒ파스털及墨西哥公使與其夫人로메로及軍部協辦도오及핏틔그루夫人及푸리윗夫人而還。

十二日。晴。

◯ 今日, 俄國元朝。往見公使, 爲頌新禧之例。

◯ 下午五時, 往赴淸國公館茶會。入其初門, 則洋人保伊二名迎接來客, 受客之毛具、手杖, 因導內軒門。而公使率夫人及一子二女與書記官英語者一人列立, 迎接來客。又書記官一員導入客廳。而廳之長, 可數十間, 廣十間假量, 許多窓門之左右壁, 立絕大玻瓈鏡, 東西洋奇物、珍寶列置濟楚。廳之東隅, 設小層一榻, 洋樂一隊列坐。而以大屛風掩之, 但聞樂音, 不見樂工之面目。又一書記導入茶廳。而借來美國女人, 年可數十歲, 二人分坐床之上下隅, 斟茶酌酒, 進果勸餠。而各色花卉布列茶床, 床前後, 殆無虛處, 花香襲衣, 燈光纈目。各國公使內外及美國官紳、富商之來者, 假量爲八九百人。少頃徘徊, 因飮氷果一器。還則公使立門處, 握手作別而來。

◯ 現今, 淸國形便, 如老馬之病、大厦之傾, 而原自物衆地大, 盛名之下。故如此宴會儀式可將於英、俄、法、德, 而如此之文具、末節是尙。若着力於軍國急先之務, 何渠不若歐洲之七大强國, 而乃有此年前東洋之耻乎。由此觀之, 國之强弱興替在於人, 不在於大小。布哇、比利之一彈小國, 能自大自强, 獨立於萬國之列矣。朝鮮若比於布、利二國, 則地方人物、財總反有勝焉。執政諸公, 若咁膽搤腕, 進進不已, 則大可以爲美國之合衆, 小可以爲布、比二國。一心開明, 晝宵顒祝也。

◯ 各國公使與各高等官設茶會請帖而不去, 則非但倨傲, 有欠交涉也。若去則他人之物多喫, 而不得一番回謝設會, 非不知赧然心愧。然負債如山, 救死不贍, 奚暇致禮義哉。此所謂去亦難, 不去亦難。茶會請帖一到, 眉攢步遲, 萬不得已出門, 浩歎也。

◯ 美外部大臣與其夫人留帖而去。

十三日。陰冷, 微雪。

◯ 라리터夫人來見。而美京中首富也。財産四百萬元云。宣教師힘밀內外來見。而美京中第一大教堂也。一年月給萬餘元云。度支大臣쏜지칼나來見。本家在紐約, 今居京中店幕。而爲人端雅綜詳。請一番來觀度支, 答以感謝依戒也。싼실리內外及크리싓틔內外及其女媳來見。蓋素封人云。

十四日。雪。

◯ 下午九點, 與內眷同往大統領館所。至後門, 則守門巡檢考閱門票, 導入館之軒前, 故因下車。而一人導入軒內, 又一人導入一房, 而此處乃解裘置笠之所。而每人給之以票紙, 出去時照票, 次第給裘與笠也。又一人導之前堂。而各國公使內外與子女齊會, 美國之高等官、富民之內外、子女坌集, 會客假量數千人。已而, 大統領內外列立前堂之內門前, 副統領、各大臣之內外同行列立。而各公使隨其赴任之座次, 入到大統領立處, 握手致禮。又握手大統領夫人, 次第握手各大臣、夫人後, 仍出前軒, 而文房、燈燭、鋪陳、屏帳波斯寶市。花卉之三四丈絕大者, 曲曲排置, 亦爲長春園。樂工四五十名坐於前堂, 美國國歌連奏不絕。許多男女雜沓往來, 喧笑之聲如風竹雨松。女人箇箇出頂露乳, 上半赤身, 下垂長裙, 裙之後幅長曳軒上。而而相踏相躍, 肩輩相磨, 手足難容, 如場屋赴門之狀, 殆爲褻亂也。小憩一時間, 各公使次第出去, 而無告別於大統領。卽至後門, 則巡檢問其何人, 卽爲躍馬, 招來客車, 故仍爲還館。而但是暫接, 無所饋, 只如一月一日相見之禮也。

十五日。微雪。

十六日。陰霧。

十七日【陰十二月十五日】。雨雪交霏。

◯ 早朝, 與諸僚行望拜禮。

十八日。晴郎。

◯ 午後, 回謝宣教師힘밀內外及칠니國公使內外及內部私書記官內外及싼실리內外及領官폰릐內外、르좌드손【日前, 三人來訪。】夫人。

◯歷往淸國公館, 回謝茶會, 留帖而去。

十九日。晴。

◯ 見美外部長官書, 則一月二十八日, 大統領接見上、下議員時, 各國公使及眷屬亦爲來參之意也。

二十日。陰。

◯ 以軍大閔泳煥爲英、德、法、俄、意、奧六國公使之由, 外部大臣電奇, 當日來到。

二十一日。晴。

◯ 美度支大臣向有一番來觀本部之約。故難孤厚誼。午後, 與諸僚往尋該部。而該大臣欣接敍懷, 仍爲前導, 往一庫, 則紙幣所藏之樓也。積如邱山, 不知爲幾千百塊。而如小冊樣一塊露置案上, 其數爲金貨五百萬元標。該大臣要余一擧, 而其輕如一弓。大臣云: '李鴻章來時, 亦擧此幣, 甚歎羨' 云。又往一庫, 則乃銀、銅錢儲庤處。又往一庫, 則破傷紙幣交換之所。而各地方每日交換者, 幾千元, 而或有水火所傷、或有贋造者, 別有尋辨之法。全燒灰片, 亦爲照鏡辦辨。而破不用紙幣, 則先爲上下鑽穴, 又爲剖半, 入於休紙也。又往一處, 紙幣之新印者, 更榻圖章, 以機械印之, 不差毫厘。

新印紙幣, 連付四片爲一張, 而亦以機戒分切之, 速如風雨, 暫不停機, 無少差謬也。其傍一庫卽出納之所, 而以鐵網圍壁, 中通小穴, 纔容手腕, 來人叩其門鐘, 則受其文簿查照後, 錢幣從穴中出送也。又往下層一庫, 則一邊爲銀庫, 一邊爲金庫。其所積庤如瓦礫樣子之多也。

今年豫算爲四萬七千二百二十九萬三千一百二十元七角五分。稅入爲四萬零七百七十九萬三千一百二十元七角五分, 而不足爲六千四百五十萬元。稅入秩: 關稅一萬四千八百萬元, 內地稅一萬五千萬元, 雜稅二千萬元, 郵入八千九百七十九萬三千一百二十元七角五分。統合四萬零七百七十九萬三千一百二十元七角五分。支出秩: 文官各部費一萬零七百萬元, 陸軍費五千六百萬元, 海軍費三千一百萬元, 土種人用費一千一百五十萬元, 功勳費一萬四千萬元, 本國國債邊利費三千七百萬元, 郵便費八千九百七十九萬三千一百二十元七角五分。總合四萬七千二百二十九萬三千一百二十元七角五分也。

時在金, 銀錢及銀行票, 每日出入及換易破錢條, 都合爲七萬九千五百八十一萬三千元。而積于庫中錢之立方積測之, 則長八十九英尺, 廣五十一英尺, 高十二英尺也。

◯ 錢弊秩: 紙錢, 自一元至千萬元, 金錢, 自二元二元半至五元、十元、二十元, 銀錢, 自十錢、二十五錢至五十錢、一元, 白銅錢, 只以五分行用, 赤銅錢, 只以一分行用也。金、銀兩幣, 赤銅幾分重式和入鼓鑄。蓋金銀之純者, 性質太柔, 易爲磨鑠故也。金銀, 每多入於歐洲, 一去不還。故政治學者每思不出他邦之策也。問其度支一部一年經用, 自長官以下至使喚, 合爲三千一百五十人。長官月給, 一年八千元, 協辦三人, 一年月給, 各五千元, 秘書官, 一年月給, 二千四百元, 出納局書記等官, 月給一年, 一千八百元, 使喚等, 年給則或三百元, 下之下爲二百元云。乃積乃倉, 始知鉅局之殷富。而官人無鉅罪、身故, 則不爲經差云。

◯ 下午八時, 與內眷同赴大統領館所, 則一人導至前面之西南隅門, 又一人更導于一處, 乘機梯到上層。一人指導一房, 受置客之裘、笠。又一人前導, 各公使從木層梯, 步下于下層一處, 則大統領內外列立迎接各公使。又一人座次井間一片傳之, 而本公使與副統領女伴坐, 坐次則在俄國公使之下。已而, 統領內外先進食堂, 而首公使英使先入, 各公使隨其座次, 魚貫而進。而各有伴食, 夫人右腕摺付胸前, 則夫人納手中腋孔, 比肩而入。到食床前, 考其座次字號, 定坐後, 各色酒八次, 各色食物十八次。而大統領則坐于食床右邊之中, 大統領夫人坐于左邊之中。統領數擧酒盃, 均勸各公使, 多祝辭。而食畢後, 統領內外先起, 出于大廳。而少頃, 統領與各公使出別軒, 勸捲煙、珈皮、茶及香酒。而外部長官與上議院長亦在座, 相對吸煙, 踞坐于床, 如平等朋友。以東洲君主之治眼目, 大爲駭怪也。大統領夫人與各夫人處別軒, 賞花遨遊。蓋男子不得吸煙於不親熟夫人之前。故敬待夫人, 反過於大統領, 乃知西國夫人之尊貴也。樂隊通宵彈奏, 而到十一時, 樂止。大統領與各公使還入花樓, 百花爛開, 郁香觸鼻。半時間, 逍遙玩花後, 各公使次第作別。

◯ 十二時, 還館。

二十二日。晴暄。

◯ 뽀레이실國公使請同食夕飯。故下午八時, 與內眷同去。而各公使八人,

各夫人如客數, 而各有伴食夫人。本公使與瑞士國公使夫人伴坐。而饌品、器皿之精侈玲瓏, 反有勝於大統領宴會。而其節次如統領宴式。

◯ 十一點鐘, 還館。

◯ 뽜레이실國, 南美中最强大者。而東西七千英里, 南北七千五百英里, 人口十四百萬名, 而民主之國也。一年地稅爲八十百萬元。通商, 出口, 每年爲一百十百萬元, 入口, 每年爲一百萬元云。

二十三日。曉大風, 朝暄。

◯ 大統領夫人設茶會, 下午五時至八時爲限, 而請各國公使夫人。故本公使內眷獨往參茶會。美國縉紳夫人、富家夫人不知幾千名。而統領夫人中立軒前, 各夫人握手, 一次寒暄後, 來賓因去茶廳, 吃茶果後, 不須作別主夫人, 各自經還云。

二十四日。晴。

◯ 回禮次, 去뽜레이실公館, 投帖而來。

◯ 回謝美度支、郵政兩大臣而還。

二十五日。晴。

◯ 見昨年十二月二十日所付官報與家書。慶運宮還御, 不數日間擇定, 因封擇地於東門外塔谷云。日吉速成, 瞻北顒祝。

◯ 見美外部長官書, 今日下午五六時間, 大統領夫人接客事, 有先通。而每禮拜, 一日爲定, 至三月初乃止云。

○ 下午五時半, 與諸僚及內眷與瑋鍾同往大統領館所, 則一人導入前面之西北軒門。又一人導入一處, 乃玉色塗褙, 交椅、諸具俱是玉色, 大統領接見各國公使之處所也。大統領夫人, 前面門闥內, 着灰色緞服, 來賓之男女、穉兒握手無漏, 欣接喜顔, 而勸之以一鍾茶。少頃逍遙, 因握手作別。而統領夫人問瑋鍾之年, 又問學英語。別般撫之愛之, 有款熟底樣也。

○ 下午六時, 還館。

二十六日。劇寒。

○ 日前, 見郵政長官時, 書札之或遲滯、或浮沈, 不無其慮之意爲言矣。長官日: "朝鮮與美國, 若有郵遞約條, 則書札之何地方遲滯與浮沈, 可以探知, 而恨無約條。美國地方之闕失, 可以探知, 渡太平洋, 日本、朝鮮地界中滯沈之端, 難以查得。"云云也。該長官別造盛札郵箭一部, 而匠人眼同以來, 付于公館門前之壁。而有二開金, 一則置于公館, 一則任于收札郵丁。而公館則前面櫃門開而投札, 櫃之頂上, 自湧入札之字, 而出札然後, 頂上之湧字還自縮下, 以辨其札之入不入。而入札後, 箭之後面門, 公館開金亦不得開閉, 而此箭入札, 分司傳發之時, 別有看檢, 無闕失之弊。皮▨一部伴來, 而傳札時, 秤其輕重, 美國地方內去, 則郵紙一片付之, 出他國, 則二片付之。較其郵紙價, 錢幣入于皮▨中, 去札伴入箭中, 則分司例付郵紙, 而細節目昭詳列錄于▨之前面。而或慮渝汚, 以羊角片薄覆之。機械之精良, 規模之周密, 每每如是, 令人歆羨。箭價與匠人雇金爲七元半給之。而該長官另施方略, 傳札便易, 深用感荷。

二十七日。陰冷, 下雪。

二十八日。雪霽, 風寒。

◯ 下午五時, 與內眷及諸僚往赴奧智利國茶會, 會人如雲集。諸般儀式如向日淸國茶會。

◯ 下午九時, 與諸僚及內眷、瑋鍾往赴大統領接見。而各國使臣與美國高等官及子·女雲集霧列。而大統領內外握手瑋兒, 問名問年, 有款愛底意。今番, 則勿用윤의품【大禮服】, 因用平常服云。故着小禮服、玉鷺笠子。往見而各國公使皆平服, 唯美國之軍部官員着金飾禮服也。無所饋。

◯ 十一時, 各還。

二十九日。晴冷。

三十日。晴。

◯ 見官報及家書, 而備知家國太平, 伏幸滿萬。

三十一日。晴。

◯ 今日則陰曆十二月二十九日。

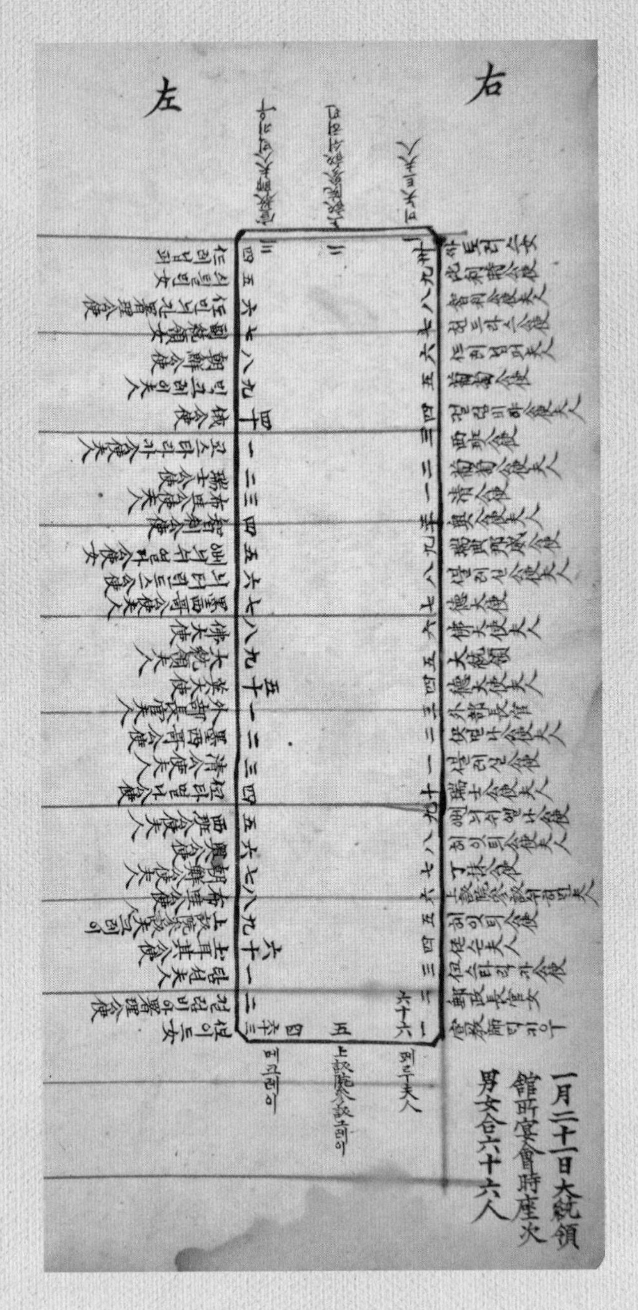

一月二十一日大統領館宴會時座次
男女合六十六人

右

左

| 연회 좌석 |

【별첨】

一月二十一日, 大統領館所宴會時座次, 男女合六十六人。

一。宣教師믹키우

二。郵政長官女

三。셛스타릭카公使

四。쫀슨夫人

五。헤잇틔公使

六。上議院參議쉬허민夫人

七。丁抹公使

八。헤잇틔公使夫人

九。엔늬쉬엘나公使

十。瑞士公使夫人

一。뿔레실公使

二。쏫멀나公使夫人

三。外部長官

四。德大使夫人

五。大統領

六。佛大使夫人

七。德大使

八。뿔레실公使夫人

九。瑞典那威公使

二十。奧公使夫人

一。淸公使

二。葡萄公使夫人

三。西班公使

四。컬럼비야公使夫人

五。葡萄公使

六。쓰레닙퍼夫人

七。헌드라스公使

八。智利公使夫人

九。比利時公使

卅。싸토러스女

一。미놋트夫人

二。上議院參議쉬허민

三。宣教師夫人믹키우

四。쓰레닙퍼

五。싀틸민女

六。쏘민늬칸署理公使

七。副統領女

八。朝鮮公使

九。믹크레이夫人

四十。俄公使

一。코스타라카公使夫人

二。瑞士公使

三。布哇公使夫人

四。智利公使

五。벤늬쉬열나公使女

六。늬터린드스公使

七。墨西哥公使夫人

八。佛大使

九。大統領夫人

五十。英大使

一。外部長官夫人

二。墨西哥公使

三。淸公使夫人

四。쉬타멸나公使

五。西班公使夫人

六。奧公使

七。朝鮮公使夫人

八。布哇公使

九。上議院參議夫人크레이

六十。土耳其公使

一。탐션夫人

二。컬럼비아署理公使

六十三。샢이드女

四。메크레이

五。上議院參議그레이

六十六。페루夫人

【첨부】

와츠 時票　체인 時票絲　토박고 담ᄇᆡ　유어 汝　시목킴 吸草

원 一　ᄡᅢᆨ시 匣　프라이시 價　하마취 幾何

아이 我　우일 將　ᄡᅢ이 買　식가릐 紙卷烟

식가릐 紙卷烟　취시이 둥근썩　썸틔 茶 좀　핀 扇子

회을이싀 何處　싸불유시 厠間　쉘 將　메익 作　우어터 尿

풀네이싀 請　기붐이에 贈我　우라잇틔 水

기붐이 썸 小　우라잇싀 白飯

아이암 我가　베리 甚　항글에 飢　더시틔 渴

ᄡᅮ렉ᄲᅡ스틔 朝飯　삽파 夕飯

풀네이싀 請　테익 取　유어 汝의　넌취 午飯

낭아ᄉᆞ기 日本 長崎

고뷔 神戶

요구하마 橫檳

도교 東京

신바시 新橋 東京停車場

머츠 머의 하스번

아이암 잇틀 노우

두유시픽 영길리스

투더이 아이암 그리드 투시유

우엄 커울 노꼿 잇스베리마치

시프링 썸마 오텀 우인터

그리듸더이 위인듸 신오우

투데이스 클리산듸이 우리잉

시뿌요 더 싸터 와이부

유어 그린머더 이사 베리 왤

하오먼의 마일쓰

무람 희여 쯔우투 某處

희부 유어와이부

오우 엣스 마이 엣어스 이스투엔티 씩스

하우 올듸 아유 엣스

오노 아이 희부 파더시 인 듸

유어 뻐런트 이시 알나이루 아타스의

마이 포쇠쓴 이시 식굴트리

휫 이시 유어 포쇠쓴 번의시터

| 제40면 |

머츠 何多　머의 錢　하스번 男夫之稱

아이암 我가　잇틀 少　노우 知

두유 爲汝　시피익 言　영길리스 英語

투더이 今日　아이암 我가　그ᄅᆡ드 喜　투시 及視　유 汝

우엄 暑　커울 寒　노곳 不好　이스베리마치 甚多

시푸잉 春　썸마 夏　옷텀 秋　우인터 冬

그ᄅᆡ디더이 雲陰　위인듸 風　신오우 雪

투데이스 今日　풀ᄅᆡ산듸이 淸明　쑤ᄅᆡ잉 雨

ᄡᅳᆯ오더 兄弟之稱　ᄯᅩ터 女媳　와이푸 妻

유어 汝의　그ᄅᆡᆫ 祖　머더 母　이시 계셔　베리 甚　웰 平安乎

하오먼ᄋᆡ 幾多　마일쓰 里數

푸람 自　희여 此處　쇠우투 去某處

ᄒᆡ부 有　유어 汝가　와이푸 妻

오【우】엣스 答　마이 我의　엣어스이스 年　투언틔 二十　씩스 六

하우 幾何　올씌 陳　아유 合汝

오 語助　노 否　아이 我　ᄒᆡ부 有　파더시 父

유어 汝의　페런틔 兩親　이시　알 皆　나이푸 生存

마이 我의　포셰숀 官　이시 이

홧 何　이시　유어 汝　포셰숀 官

옛ᄉᆡ 可　인ᄋᆡ 在此　아타ᄉᆡ 書記生　ᄉᆡᆨ글트리 參書官　민의시터 公使

how mang has ned
幾、多 有 人名
하오 몐이 회스 네드
네드은 얼마나 가젓느야

five books and ond book are
四 冊 且 一 冊 合五冊
포어 쓱북스 인드 원 쓱북스 알 꽈이후
넷 칙들과 또 한 칙이 모두 다섯칙이다

If i give ned two tops i shall have three
若 我 贈 人名 二 氷球 我 將 持 三
이후 아이 기부 네드 투 탑스 아이 쇌 히부 쓰리
마일 닉가 네드를 두핑구을 쥬면 닉가 장찻 서 핑구를 가지것다

five tops are — tops and — tops
五 氷球 合 二 氷球 且 三 氷球
퐈이부 탑스 알 투 탑스 인드 쓰리 탑스
다섯 핑이들이 두 핑구와 또 세 핑이더라

one two three four five six seven
一 二 三 四 五 六 七
원 투 쓰리 으포어 으퐈이브 식 세븐
eight nine ten
八 九 十
에잇 나인 텐

| 제41면 |

how	many	has	ned
幾	多	有	人名
하오	면이	희스	네드
네드은	얼마나	가졋	느야

five	books	and	one	book	are
四	冊	且	一	冊	合五冊
포어	쑥스	인드	원	쑥스	알 파이부
넷	ᄎᆡᆨ들과	쏘	ᄒᆞᆫ	ᄎᆡᆨ이	모두 다셧 ᄎᆡᆨ이ᄃᆞ

If	i	give	ned	two	tops	I	shall	have	three
若	我	贈	人名	二	氷球	我	將	持	三
이푸	아이	기부	네드	투	탑스	아이	쉘	히부	ᄯᅳ리
마일	ᄂᆡ가	네드를	두	핑구을	쥬면	ᄂᆡ가	장찻	셰	핑구를 가지것ᄃᆞ

five	tops	are — tops	and — tops
五	氷球	合 二 氷球	且 三 氷球
파이부	탑스	알 투 탑스	인드 ᄯᅳ리 탑스
다셧	핑이들이	두 핑구와	쏘 셋 핑이더라

one	two	three	four	five	six	seven
一	二	三	四	五	六	七
원	투	ᄯᅳ리	ᅗᅩ어	ᅗᅡ이ᄫᅳᆫ	식	세ᄫᅳᆫ

eight	nine	ten
八	九	十
에잇	나인	텐

and	says	bow	wow
且	語	犬聲	犬聲
ᄋᆡᆫ드	셰이스	보우	워우
ᄯᅩ	말ᄒᆞ되	보우	워우……짓는소리

ned	sits	and	looks	at	carlo
人名	坐	且	視	向	犬名
넷	씻스	ᄋᆡᆫ드	룩스	잇	칼로우
넷시가	안져서		칼로을	본다	

ray	will	give	the	ban	to	carlo
人名	將	贈	此	餠	向	犬名
로이	윌	기부	듸	번	투	칼노우
로이가	장ᄎᆞᆺ	칼노을	其	번을	쥬겟더라	

may	roy	and	ned	have	five	books
人名	人名	且	人名	有	五	冊
메이	로이	ᄋᆡᆫ드	너드	ᄒᆡ부	파이푸	ᄲᅮᆨ스
머이와	로아와	ᄯᅩ	너드가	파이푸	ᄎᆡᆨ이	잇다

roy	has	two	books	may	has	one
人名	有	二	冊	人名	有	一
로이	ᄒᆡ스	투	ᄲᅮᆨ스	메이	ᄒᆡ스	원
로이ᄂᆞᆫ	두	ᄎᆡᆨ들을	가지고	메이ᄂᆞᆫ	ᄒᆞᆫᄎᆡᆨ을	가졋다

It	is	not	fun	for	dogs
此	是	不	奇	爲	犬
잇	이스	낫트	뻔	포오	ᄯᅩᆨ
ᄀᆡ을	위ᄒᆞ야	ᄌᆡ미잇지안소			

Roy	is	teaching	carlo	to	beg
人名	在	敎	犬名	以	乞
로이	이스	틔칭	칼노우	투	ᄲᅦᆨ
로이가	—	칼노더러	—	빌나고	가르치오

he	stands	and	says	beg	carlo
他	立	且	語	乞	犬名
희	시ᄯᅦᆫ스	ᄋᆡᆫ드	세이스	ᄲᅦᆨ	칼노우
그가	셔셔	ᄯᅩ	말ᄒᆞ되	비러라	칼노야

beg it is a ban beg and you may have it
乞 有 一 餠 乞 且 汝 可 持 此
쎅 이트 이스 에이 번 쎅 읜드 유 메이 ᄒᆡ부 잇트
한 번이 잇다 비러라 네가 그걸 가지리라

Carlo stands on his hind foot
犬名 立 上 他之 後 足
칼노우 시타스 언 헤스 화인드 픳
칼노가 뒷발노 셧다

Roy has a bun for his dog
人名 有 一 餠 爲 他之 犬
로이 ᄒᆡ스 에이 쌘 포 헤스 쏙
로이가 ᄒᆞᆫ 쌘을 졔 ᄀᆡ을 위ᄒᆞ야 가져소

Beg for it
乞 爲 此
쎅 포 잇
이거슬 위ᄒᆞ야 비러라

Beg	Carlo	beg
乞	犬名	乞
쎅	칼노	쎅

See	it	is	a	bun
見	此	是	一	餠
씨	잇트	이스	에이	쌘
보아라			ᄒᆞᆫ	쌘이로구나

Carlo	you	are	a	good	dog
犬名	汝	是	一	好	犬
칼노	유	아	에이	숫	쏙
칼노야	네가			죠ᄒᆞᆫ	기다

Will	you	beg	for	it
將	汝	乞	爲	此
윌	유	쎅	포오	잇
이거슬	위ᄒᆞ야	빌게ᄂᆞᆫ야		

Stand	Carlo
立	犬名
시탄	칼노
셔라	칼노야

That	is	good	beg	and	you	may	have	it
彼	是	好	乞	及	汝	可	有	此
쩟	잇스	숫	벡	인드	유	메이	히부	잇
그거시		잘	빈다		네가	가이	가지겟ᄃᆞ	

The	boys	are	sitting	on	the	floun
此	者	合	坐	上	此	地板
듸	새이스	알	씽팅	엔	듸	풀로우
그	아희들이		그	바닥	위에	안드라

Roy	dog	carlo	lies	near	ned
人名	犬	犬名	臥	近	人名
로이	썩	칼로우	라스	네여	네드
로이에	기	칼로가			네드 갓갑게 누엇ᄃᆞ

is	he	lying	near	roy		
是	此	臥	近	人名		
이스	희	라잉	네여	로이		
그게				로이	갓갑게	눕다

ned	and	roy	are	good	boys
人名	且	人名	合	好	兒
네드	읜드	로이	알	긋	샏이
네드과	또	로이가		죠흔	아희들이라

here	is	boys	dog	carlo	
此處	이스	샏이스	쏙	칼노	
히이	是	童之	犬	犬名	
여긔		아희	기	칼노가	잇소

carlo	is	standing	on	his	hind	feet	
犬名	是	立	上	他之	後	足	
칼노	이스	스탄딩	온	헤스	하인	핏	
칼노가				졔	뒤발들노	일어셔오	

I	shall	leave	one	apples	on	the	plate
我	將	移置	一	檎	在	此	碟匙
ᄂᆡ가	쏼	리부	원	아풀	엔	듸	풀레잇트
아이			ᄒᆞᆫ	닝금을	졉시우에		남기겟소

four	apples	are	three	apples	and	one	
四	檎	合	三	檎	及	一	
포어	아풀스	알	트리	아풀스	읜드	원	
네	능금이		셰	능금과	ᄯᅩ	ᄒᆞᆫ	능금이오

These	boys	are	ned	and	roy
其	者	合	人名	及	人名
듸스	쏘이스	알	넷드	읜드	로이
그	아희들이		넷ᄒᆞ고	ᄯᅩ	로이더라

The	large	boy	is	roy
此	大	者	是	人名
씌	라쥐	쏘이	이스	로이
그	큰	아희가		로이더라

The	boys	who	has	a	bun	is	ned
ᄯᅴ	ᄲᅩ이	후	持	一	餠	是	人名
此	者	誰	히스	에이	아 쌘	이스	넷드

ᄒᆞᆫ 번을 가진 아희가 넨이더라

I	have	four	apples	an	this	plate
我	持	四	檎	在	此	碟匙
ᄂᆡ가	이	졉시	우에	넷	ᄂᆡᆼ금이	잇소
아이	ᄒᆡ뷔	포어	아풀스	엔	ᄯᅵ스	풀레잇트

If	I	put	two	apples	on	the	box
若	我	放下	二	檎	上	此	樻
만일	ᄂᆡ가	두	ᄂᆡᆼ금을	이	괴우에	노ᄒᆞ면	
아니		ᄑᆞᆺ트	투	아풀스	온	ᄯᅵ	ᄲᅡᆨ스

I	shall	leave	two	apples	on	the	plate
我	將	移置	二	檎	在	其	碟匙
ᄂᆡ가	두	ᄂᆡᆼ금을	졉시	우에	남기고		
아이	솰	리부	투	아풀스	엔	ᄯᅴ	풀레잇트

four	apples	are	two	apples	and	two
四	檎	合	二	檎	及	二
넷	ᄂᆡᆼ금이		두	ᄂᆡᆼ금과	밋	둘이오
포어	아풀스	알	투	아풀스	ᄋᆡᆫ드	투

If	I	put	three	apples	on	the	box
若	我	放下	三	檎	在	此	樻
만일	ᄂᆡ가		셰	ᄂᆡᆼ금을		괴우에	노ᄒᆞ면

mays	dolls	have	blue	eyes
女名	偶人	持	靑	目
며이의	ᄯᆞᆯ이		ᄑᆞ른	눈이 잇다
며이	ᄯᅡᆯ	ᄒᆡ뷔	ᄲᅳᆯ루우	아이스

has	may	blue	eyes ?
有	女名	靑	目
	며이가	ᄑᆞ른	눈을 가져ᄂᆞ냐
ᄒᆡ스	메이	ᄲᅳᆯ루우	아이스

did	you	see	ada	with	may ?
已	汝	見	女名	同	女名
듸드	유	씨	에더	위스	메이
	늬가	메이가	가치	잇는거실보아소	

No	adid	not	see	ada
不是	我已	不	見	女名
노	아이듸드	놋	씨	에더
아니요	늬가			에더을 못보앗소

may	was	with	her	dolls		
女名	已有	同	女之	偶人		
메이가			져	ᄯᅡᆯ허고	가치	잇소
메이	워스	워스	헐	ᄯᅡᆯ		

Two	twos	are	four	four	has	two	twos
二	二	合	四	四	有	二	二
둘	둘		넷시오	넷시		둘	둘이요
투	투스	알	ᄺᅩ어	ᄺᅩ어	히스	투	투스

I	SEE	MAY	AND	HER	DOLLS	
I	see	may	and	her	dolls	
我	見	女名	及	女之	偶人	
ᄂᆡ가		머이와	ᄯᅩ	졔에	ᄯᅩᆯ을	본다
아이	씨이	메이	ᄋᆡᆫ드	희열	ᄯᅡᆯ스	

MAY	IS	IN	HER	LITTLI	CHAIR	
may	is	in	her	littli	chair	
女名	是	中	女之	小	椅	
머이가			졔에	져근	교의에	잇다
몌이	이스	인	희열	닛틀	최야	

SHE	HAS	A	DOLL	IN	HER	LAP	
she	has	a	doll	in	her	lap	
其女	持	一	偶人	中	女之	膝	
그계집이		ᄒᆞᆫ	ᄯᅩᆯ을		져의	무릅에	가졋다
쉬	희스	에이	ᄯᅡᆯ	인	흴열	랩	

THE	DOLL	ON	THE	BED	IS	WAX
the	doll	on	the	bed	is	wax
其	偶人	上	其	臥床	是	蠟
그	와상우의 잇는 ᄯᅩᆯ이 밀잇다					
ᄯᅴ	ᄯᅡᆯ	언	듸	벳	이스	왝쓰

THE	DOLL	IN	HER	LAP	IS	NOT	WAX
the	doll	in	her	lap	is	not	wax
其	偶人	中	女之	膝	是	不	蠟
그 계집의 무릅 우에 잇는 ᄯᅩᆯ이 밀이 아니다							
ᄯᅴ	ᄯᅡᆯ	인	희얼	립	이스	노	왝쓰

ADA	IS	SITTING	IN	MAYS	CHAIR
ada	is	sitting	in	mays	chair
女名	是	坐	中	女名	椅
에더겨	머이에				교위 가운ᄃᆡ 안져다
에더	이스	씽팅	인	며이스	최야

SHE IS LOOKING AT A FAN WHICH LIES AN A BOX

she is looking at a fan which lies an a box

其女 是 玩 于 一 扇 形 臥 上 一 樻

그 계집이 본다 ᄒᆞᆫ 부ᄎᆡ가 ᄒᆞᆫ 괴에 누운 형용을 본다

쉬 이스 룩킹 잇트 원 편취 휘취 나잇스 언 에이 싹스

ADA HAS A FAN IN HER HAND

ada has a fan in her hand

女名 持 一 扇 中 女之 手

에더가 ᄒᆞᆫ 부ᄎᆡ을 졔 손에 가젓다

에더 희스 원 편 인 헐 헨드

THESE FANS ARE MAYS

these fans are mays

此 扇 合 女名

이 부ᄎᆡ들이 모도 머이의 게다

THE BENEH IS NEAR THE TREE

the beneh is near the tree

其 長床 是 近 其 樹

그 장상이 그 나무에 갓가이잇

ᄯᅴ 쎗취 이스 늬여 ᄯᅴ 트릐

NO	MAYS	BIRD	IS	IN	A	CAGE
no	mays	bird	is	in	a	cage
非是	女名之	鳥	是			籠
아니라	메이의	ᄉᆡ가	이			장속에 잇다

THESE	ARE	MY	LITTLE	BIRDS
these	are	my	little	birds
其	合	我之	小	鳥
그거시	모도	ᄂᆡ의	져근	ᄉᆡ다
ᄯᅵ스	알	마이	ᄂᆡᆺ틀	샛스

SING	LITTLE	BIRDS	SING
sing	little	birds	sing
歌	小	鳥	歌
노ᄅᆡᄒᆞᆫ다	져근	ᄉᆡ들이	노ᄅᆡᄒᆞᆫ다
씽	ᄂᆡᆺ틀	샛스	씽

THE	BIRDS	SINGS	IN	THE	TREE
the	birds	sings	in	the	tree
此	鳥	歌	中	其	樹
그	ᄉᆡ들이	씽스		그	나무속에 노ᄅᆡᄒᆞ다
ᄯᅵ	샛스	씽스	인	ᄯᅵ	트리

SHE IS LOOKING AT HER BIRD

she is looking at her bird

其女 乃 玩 其 女之 鳥

그게집이 그 계집의 식을 본다

쉬 이스 룩킹 잇 헐 쌧

IS THE BIRD LOOKING AT MAY

is the bird looking at may

是 其 鳥 玩 其 女名

이거시 그 식가 그 먼이을 보너야

이스 듸스 쌧 룩킹 잇 먼이

OAE BIRD AND TWO BIRS ARE THREE BIRDS

oae bird and two birs are three birds

一 鳥 又 二 鳥 合 三 鳥

흔 식 쏘 두 식 합 세 식

원 쌧 읜드 투 쌧 알 스리 쌧스

ONO	ONE	BIRD	IS	IN	A	IRST
ono	one	bird	is	in	a	irst
嗟嘆辭	一	鳥	在	巢	一	中
노	원	쌧드	이스	잇	에이	늿스트
아니라	ᄒᆞᆫ	ᄉᆡ가		ᄒᆞᆫ 둥우리	속에	잇다

TWO	BIRDS	ARE	ON	A	BENERH
two	birds	are	on	a	benerh
二	鳥	合	上	於	長床
두	ᄉᆡ들이	합			긴 상 우에 잇다
투	쌧스	알	언	에	쎈취

THE	WHITE	CAT	WAS	LYING	ON	THE	STEP
the	white	cat	was	lying	on	the	step
其	白	猫	已有	臥	在	此	層階
그	흰	괴가		칭계에	누엇다		
ᄯᅴ	화잇	ᄏᆡᆺ트	워스	라잉	온	듸	시텝ᄉᆞ

DID	A	BLACK	CAT	SIT	ON	A	MAT
did	a	black	cat	sit	on	a	mat
已爲	一	黑	猫	坐	在	一	席
	ᄒᆞᆫ	거믄	괴가			ᄒᆞᆫ 자리에 안젓는다	
뒷	에이	쏠낙	킷트	싯트	온	에이	밋트

NO	THAT	WAS	MY	WHITE
no	that	was	my	white
不是	彼	已有	我之	白
아니다	저거시		ᄂᆡ의	흰거시다
노우	뒷트	워스	마이	화잇

SEE	MAY	WITH	HER	BIRD
see	may	with	her	bird
視	女名	同	女之	鳥
	먼이가		제에 ᄉᆡ와 한가지 잇다	
시	먼이	위스	헐	쌧

HER	BIRD	IS	IN	A	CAGD
her	bird	is	in	a	cagd
女之	鳥	是	中	一	籠
계집에	ᄉᆡ가			ᄒᆞᆫ 장에	잇다
헐	쌧드	이스	인	에이	케져

ONE	HAT	AND	TWO	HATS	ARE	HATS
one	hat	and	two	hats	are	hats
一	冠	又	二	冠	合三	冠
ᄒᆞᆫ	갓	ᄯᅩ	두	갓	모두	셰갓
원	힛트	읜드	투	힛스	알스리	힛스

TOMS	DOGS	WERE	BLACK	AND	WHITE
toms	dogs	were	black	and	white
톰의	犬	已有	黑	及	白
톰의	ᄀᆡ들이		검고	且	희다
톰스	ᄯᅥᆨ	외어	쌜낙	읜드	화잇트

THE LARGE DOG WAS BLACK
the large dog was black
其 大 犬 已有 黑
그 큰 ᄀᆡ가 워스 검다
ᄋ디 라쥐 ᄯᅥᆨ 워스 ᄲᅳᆯ낙

THE SMALL ONE WAS WHITE
the small one was white
其 小 一 已有 白
그 저근 거슨 워 희다
ᄋ디 스몰 원 워스 화잇트

DID TOM SEE THE DOGS RUH?
did tom see the dogs ruh
已爲 톰 見 其 犬 走耶
딋 톰 시이 ᄋ디 ᄯᅥᆨ그스 루언
톰이가 그 ᄀᆡ드리 다러나는 것 보아나야

JIP	IS	A	BLACK	AND	WHITE	DOG
jip	is	a	black	and	white	dog
犬名	是	一	黑	且	白	犬
찝이가		ᄒᆞᆫ	검고	또	흰	기다
찝	이스		쐘낙	읜드	화잇트	썩

HE	SITS	AND	LOOKS	AT	ME	
he	sits	and	looks	at	me	
他	坐	且	視	我		
저거시	안저서	또			나를	본다
희	싯스	읜드	룩스	잇	미	

HE	HAS	A	HAT	ON	HIS	HEAD		
he	has	a	hat	on	his	head		
他	有	一	冠	上	他之	頭		
		저거시	한	가슬	저거세	머리	위에	잇다
희	히스	에이	힛트	언	희스	희드		

HAS	JIP	A	HAT	MO	HE	HAS	MY	HAT
has	jip	a	hat	mo	he	has	my	hat
有	犬名	一	冠	不	他	有	我之	冠
	ᄶᅵᆸ이가	ᄒᆞᆫ	가시잇소	아니다	저거시		ᄂᆡ	갓슬 가졋다
ᄒᆡ스	ᄶᅵᆸ	에이	ᄒᆡᆺ트	노	희	ᄒᆡ스	마이	ᄒᆡᆺ트

JIP	THAT	IS	MY	HAT
jip	that	is	my	hat
犬名	他	乃	我之	冠
ᄶᅵᆸ아	저거시		ᄂᆡ	갓시라
ᄶᅵᆸ	ᄃᆡᆺ트	이스	마이	ᄒᆡᆺ트

ONE	CAT	IS	LYING	ON	THE	STERS	
one	cat	is	lying	on	the	sters	
一	猫	是	臥	在	其	層階	
ᄒᆞᆫ	고양이	ᄂᆞᆫ			그	칭계에	누엇다
원	ᄏᆡᆺ트	이스	라닝	온	ᄯᅴ	시텁스	

BLACK	ONE	IS	SITTING	NEAR	THE
black	one	is	sitting	near	the
黑	一	是	坐	近	其
ᄲᅳᆯ낙	원	이스	시팅	네야	ᄯᅴ

THIS HEAD IS BLACK AND WHITE

this head is black and white

其 頭 是 黑 且 白

그 머리가 검고 ᄯᅩ 희다

ᄯᅴ스 헤드 이스 ᄲᅢᆯ낙 인드 화잇트

MY CATS HEA HAS SMALL EARS AND LARGE EYES

my cats hea has small ears and large eyes

我之 猫之 頭 有 小 耳 且 大 目

ᄂᆡ 괴의 머리 져근 귀와 ᄯᅩ 큰 눈이잇ᄃᆞ

마이 킷틔스 헤드 ᄒᆡ스 스몰 이얼스 인드 라쥐 아이스

HAS THIS ONE

has this one

有 其 一

그거스 ᄒᆞᆫ 나잇ᄂᆞᆫ야

ᄒᆡ스 ᄯᅴ스 원

JIP GIVE ME MY HAT

jip give me my hat

犬名 持來 我 我之 冠

찝 기부 미 마이 ᄒᆡᆺ트

THE DOGS RUH RUH DOGS RUH

the dogs ruh ruh dogs ruh

그 犬 다라ᄂᆞᆫ다 走 犬 走

ᄯᅴ ᄯᅥᆨ 루언 루언 ᄯᅥᆨ스 루언

닷ᄂᆞᆫ다 ᄀᆡ가 닷ᄂᆞᆫ다

IS THIS MY WHITE CAT

is this my white cat

此 乃 我之 白 猫耶

이 거시 ᄂᆡ에 흰 괸야

이스 듸스 마이 화잇 ᄏᆡᆺ트

THE CAT SITS ON A MAT

the cat sits on a mat

其 猫 坐 在 一 席

그 고양이 한 자리에 안졋다

ᄯᅴ ᄏᆡᆺ트 싯스 온 에이 ᄆᆡᆺ트

TODAY	MY	CAT	SITS	ON	A	MAT	
today	my	cat	sits	on	a	mat	
今日	我之	猫	坐	在	一	席	
오날	ᄂᆡ에	고양이			한	자리에	안졋다
투데이	마이	ᄏᆡᆺ트	싯스	온	에이	ᄆᆡᆺ트	

ONE	CAT	IS	SITTIUG	ON	THE	STERS	
one	cat	is	sittiug	on	the	sters	
一	猫	是	坐	在	其	層階	
ᄒᆞᆫ	고양이				그	칭계에	안졋다
원	ᄏᆡᆺ트	이스	시팅	온	띄	시텹스	

HE	SPINS	THE	TOP	BOX
he	spins	the	top	box
他	轉環	此	氷球	在一櫝
히	시핀스	듸	탑스	온에이쏙스

SPIN	TOPS	SPIN	A	DOG	RUNS
spin	tops	spin	a	dog	runs
轉行	氷球	轉行	一	犬	走
돈다	핑구가	돈다	에이	쩍	류어스
시핀	탑스	시핀	ᄒᆞᆫ	ᄀᆡ가	다러ᄂᆞᆫ다

THE	DOG	IS	BLACK	IT	IS	A	LARGE	BLACK	DOG
the	dog	is	black	It	is	a	large	black	dog
其	犬	是	黑	此	是	一	大	黑	犬
그	ᄀᆡ가	이스	검다	이거시		ᄒᆞᆫ	큰	검은	ᄀᆡ라
ᄋ듸	ᄯᅥᆨ	이스	ᄲᅳᆯ낙	잇트	이시	에이	라쥐	ᄲᅳᆯ낙	ᄯᅥᆨ

IT	IS	MY	BLACK	DOG	HERE	ARE	TWO	DOGS
it	is	my	black	dog	here	are	two	dogs
此	是	我	黑	犬	此處	有	二	犬
이	거시	ᄂᆡ에	검은	ᄀᆡ라	여긔		두	ᄀᆡ가 잇다
잇트	이스	마이	ᄲᅳᆯ낙	ᄯᅥᆨ	희얼	아	투	ᄯᅥᆨ스

ONE	DOG	IS	BLACK	ONE	DOG	IS	WHITE
one	dog	is	black	one	dog	is	white
一	犬	是	黑	一	犬	是	白
ᄒᆞᆫ	ᄀᆡ	ᄂᆞᆫ	검다	ᄒᆞᆫ	ᄀᆡ	ᄂᆞᆫ	희다
원	ᄯᅥᆨ	이스	ᄲᅳᆯ낙	원	ᄯᅥᆨ	이스	화잇트

ONE	DOG	AND	ONE	DOG	ARE	TWO
one	dog	and	one	dog	are	two
一	犬	及	一	犬	是	二
원	ᄯᅥᆨ	인드	원	ᄯᅥᆨ	알	투

IS	THIS	A	LARGE	BOX
is	this	a	large	box
是	此	一	大	樍耶
이	거시		큰	괴야
이스	듸스	에이	라쥐	뽁스

HERE	IS	MY	LARGE	TOP
here	is	my	large	top
此處	有	我之	大	氷球
여긔		ᄂᆡ에	큰	핑구가 잇다
희어	이스	마이	라쥐	탑

HERE	IS	MY	SMOLL	TOP
here	is	my	small	top
此處	有	我之	小	氷球
여긔		ᄂᆡ에	저근	핑구가 잇다
희어	이스	마이	스몰	탑

ONE	TOP	IS	LARGE	ONE	TOP	IS	SMALL
one	top	is	large	one	top	is	small
一	氷球	ᄂᆞᆫ	大	一	氷球	ᄂᆞᆫ	小
원	탑	이스	라쥐	원	탑	이스	스몰

A	TOP	SPINS	THE	TOPS	SPIN
a	top	spins	The	tops	spin
一	氷球	轉轆	此	氷球들이轉行	
ᄒᆞᆫ	핑구가	돈다	ᄯᅴ	탑스	시핀
에이	탑	시핀스			

THIS	IS	MY	TOP	THIS	TOP	IS	LARGE
this	is	my	top	this	top	is	large
此	是	我之	氷球	此	氷球	가	大
이	거시	ᄂᆡ에	핑구	이	핑구	가	크다
듸스	이스	마이	탑	듸스	탑	이스	라

MY	TOP	IS	ON	A	BOX	
my	top	is	on	a	box	
我之	氷球	가	在	一	櫃上	
ᄂᆡ에	핑구	가		ᄒᆞᆫ	궤위에	잇다
마이	탑	이스	온	에	ᄡᅢᆨ스	

IS THIS LARGE TOP ON A BOX

is this large top on a box

是 此 大 氷球 在 一 櫃耶

이 큰 핑구가 궤에 잇는야

이스 듸스 라쥐 탑 온 에 쏙스

my large top is on a box

마이 라쥐 탑 이스 온 에 쏙스

我之 大 氷球 是 在 一 櫃

늬에 큰 핑구 가 궤에 잇다

MY LARGE TOP IS ON A BOX

참고 논문

주미공사 이범진李範晉의 미국 여정과 활동

* 옮긴이의 역사학보 제205집(2010.3.) 게재 논문 재수록
* 논문 중 《미사일록》 인용부에 한하여 본문과 동일하게 교체

머리말

이범진李範晉(1852~1911)은 아관파천의 주역으로서 중요한 역할을 하였으며, 주미공사와 주러공사를 지냈다. 그리고 1907년, 헤이그 만국평화회의 때는 그의 아들 위종을 특사의 일원 겸 통역으로 동반하게 하여 일을 도왔다. 이후 러시아를 비롯한 해외의 독립운동을 지원하다가 1911년 1월에 망국의 한을 품고 자결하였다. 그러나 이러한 활동에도 불구하고 그에 대한 연구는 활발하지 못한 편이다.

이범진에 대한 본격적인 연구는 같은 시기에 주미공사를 지냈던 서광범과 함께 그를 주목한 방선주의 연구로 시작되었다.[1] 이후 이범진의 아관파천 전후의 활동, 외교관 활동과 민족운동에 대해서도 연구가 진행되었다. 그리고 1990년대에 들어 한국과 러시아의 외교관계가 회복되면서 주러시아공사로서 그를 주목하기 시작하였다. 이 과정에서 러시아의 외교문서와 같은 새로운 자료들이 발굴, 소개되면서 의미 있는 연구 성과를 내게 되었다.[2] 이처럼 이범진에 대

---

1 방선주, 〈서광범과 이범진〉《최영희교수화갑기념논총》, 서울:탐구당, 1987, 450쪽.

2 이범진에 대한 연구로는 방선주, 〈서광범과 이범진〉《최영희교수화갑기념논총》, 탐구당, 1987; 강인구, 〈러시아 자료로 본 주러한국공사관과 이범진〉《역사비평》 57, 역사비평사, 2001; 외교통상부 편, 《이범진의 생애와 항일민족운동》, 외교통상부,

한 연구는 그와 관련된 새로운 자료가 발굴됨으로써 활기를 띠게 되었으며, 이러한 연구 결과 이범진에 대한 새로운 사실들이 밝혀지게 되었다.

한편, 이범진이 제일 먼저 외교관으로 파견된 주미공사 시절의 활동에 대해서는 아직 충분한 연구가 이루어지지 않고 있다. 아마도 이 부분에 대한 연구 자료가 부족하기 때문일 것이다. 그런데 주미공사 활동을 다룬 이범진에 대한 새로운 자료가 있어 주목된다. 바로 《미사일록美槎日錄》[3]인데, 지금까지 연구 진행 상황으로 보아 아직 주목하지 않은 새로운 자료로 생각된다. 《미사일록》은 이범진이 주미공사로 임명된 고종 33년(건양 원년, 1896) 6월 20일부터 이듬해 1월 31일까지의 기록이다. 이를 통해 이범진의 주미공사 파견 경위와 그 활동상을 살펴보고자 한다.

2003; 오영섭, 〈을미사변 이전 이범진의 정치활동〉《한국독립운동사연구》 25, 천안, 독립기념관 한국독립운동사연구소, 2005 등이 있다.

[3] 《美槎日錄》은 단국대 박물관이 소장하고 있다. 표지에는 《美槎日錄》이라는 제목과, "前韓國駐箚美國特命全權公使 故 川雲 李範晉 原著/公使館職員 故 蘭汀 李建鎬 手記/白貴 李源永 家藏"이라고 되어 있다. 《美槎日錄》이 이범진의 저술임은 내용 중, "七月十六日……率內眷與次子瑋鍾", "十月……六日晴〈陰九月初一日〉……九日……是日卽余生日"이라는 데서 확인된다. 분량은 표지를 제외하고 모두 57장이며, 내용은 두 부분으로 나누어진다. 첫 부분은 서두에 '美槎日錄'이라고 표기하고, 양력 날짜순으로 날씨를 기록한 후 하루의 중요 일과와 소회를 서술하였다. 둘째 부분은 단어와 일상 대화를 영어, 한자, 한글 순으로 표기했다. 첫 부분의 분량은 34장, 두 번째 부분은 23장이다. 첫 부분과 둘째 부분은 내용이나 성격에서 확연히 차이가 나고 있는데, 이 논문에서는 첫 부분만을 《美槎日錄》이라고 하겠다.

1. 주미공사 파견 배경과 《미사일록》

민비의 측근으로서 이른바 정동파貞洞派로 분류되는 이범진이 주미공사로 임명된 것은 1896년 6월 20일이었다. 아관파천 이후 권력의 핵심이었던 이범진이 주미공사로 임명된 데에는 여러 요인이 있었다. 우선 명성왕후 시해사건에 대한 관련자를 조사한 것에 불만을 느낀 일본 측의 공작이 있었고, 정국을 안정적으로 이끌고 나가려는 주한러시아공사 베베르의 판단도 작용하였다.[4] 그리고 미국 측의 설득도 작용하였다.[5] 그런데 이범진의 주미공사 임명에 대해 황현은, "그는 시국이 다시 변하면 제일 먼저 살해될까 싶으므로 강력히 외국 공사를 자청하여 출국하였다"고 하였다.[6] 황현이 말한 '시국'은 아관파천 이후의 국내외 상황이었다.[7]

1896년 2월 11일에 아관파천이 성공하자 핵심 역할을 했던 이범진은 법부 대신 겸 경무사警務使로 임명되어 정국을 주도해 나가며

---

[4] 이에 대해서는 방선주, 앞의 논문, 1987, 444~447쪽.

[5] 일본《中央新聞》6월 27일 자에 의하면, "미국주차공사는 그가 露國公使에게서 받은 遁身法이며 또한 그 자신이 구하고 얻은 것이 아닐까 한다.……미국 공사도 친히 이해를 설명하여 이범진을 납득시키고……"(방선주, 앞 논문, 446쪽에서 재인용)라고 하였다. 이 기사에 따르면 이범진의 공사 임명은 사전에 미국(공사) 측과 교감이 있었다.

[6]《梅泉野錄》卷2, 建陽 元年 丙申.

[7] 아관파천과 그 이후의 정국 변화에 대해서는 이민원,《명성왕후 시해와 아관파천》, 국학자료원, 2002, 124~125쪽 참조. 그리고 이범진의 주미공사 파견 경위에 대해서는 한철호,《親美開化派研究》, 국학자료원, 1998, 133~138쪽 참조.

일본당 또는 대원군파로 지목된 자를 체포했다.[8] 그러나 이범진은 곧 불리한 입장에 몰리게 되었다.

러시아와 일본은 아관파천 직후 교섭을 진행하여 5월 14일에 이른바 〈베베르-고무라 각서〉를 체결하였다. 각서의 첫 조항이 고종의 환어還御 문제인 것에서도 알 수 있듯이 아관파천은 결코 오래 지속될 수 없는 상황이었다. 그리고 고종의 파천은 국가의 위상과 체면에도 관련되어 있어서 환궁은 시간문제였다. 이러한 분위기에서는 아관파천을 성사시키는 데 핵심적인 역할을 한 이범진에게 비난과 책임 추궁이 쏟아질 수밖에 없었다.

그렇지만 5월까지만 하더라도 이범진의 세력은 여전하였다. 1896년 5월 15일 자의 《주한일본공사관기록》에 따르면, 이범진이 규장원 경奎章院卿이란 한식에 취임했지만 실제로는 세력이 여전히 전날과 다름없고, 암암리에 왕년의 세도가를 자처하고 있다고 하였다. 그리고 현 내각 중에 환궁還宮을 주창하면서 이범진을 공격하는 자가 있지만 러시아 공사의 후원에 힘입어 전권적인 위세로 거의 이범진 독보의 내각이라 보기 때문에 그리 쉽게 반대자에 의해 흔들릴 것 같은 일이 없을 것이라고 보고하고 있다.[9]

이처럼 5월 중순까지 견고해 보이던 이범진의 처지는, 러시아와 일본의 고위 협상이 다시 진행되고, 일명 〈모스크바 의정서〉(로바노

---

8 《駐韓日本公使館記錄》 10권, 二月二十三日午後八時十分 發(日本黨과 大院君派의 체포에 관한 件).

9 《駐韓日本公使館記錄》 9권, 朝鮮事變ノ情況報告ノ件(機密第三○號).

프-야마가타 의정서)가 6월 9일에 체결되면서 급변했던 것으로 보인다. 즉 러시아와 일본의 타협은 아관파천을 성공으로 이끌었고, 이후 정국을 주도한 이범진을 궁지로 몰아넣었다. 결국 러시아와 일본의 타협이 이루어지고 환궁이 은밀히 모색되는 가운데,[10] 러시아 측에게 신임을 잃고 주변으로부터도 견제를 받게 된 이범진은[11] 자연히 세력이 약해질 수밖에 없었다. 그렇지만 이범진의 태도는 완강하여 "국왕이 환어하는 것은 매우 위험하다. 러시아 병사에게 보호를 부탁하든가 또는 충분히 신용할 수 있는 근위병을 조직하든가 어떻든 완전한 호위병의 준비가 갖추어지지 않는 이상 환어하는 일은 절대 불가하다"고 주장하였다. 더구나 "심지어 왕명이 있다 해도 이에 응해 행할 수 없다"[12]는 결심을 피력한 이범진으로서는 외국행을 결심할 수밖에 없었을 것이다.

이렇게 정국이 이범진에게 불리하게 돌아가는 가운데 고종은 6월 20일에 이범진을 특명전권공사特命全權公使에 임명하고 30일에는 종1품으로 특진시켰다. 이틀 후 이범진은, 지금과 같은 상황에서 고종

10 아관파천 성공 이후 얼마 있지 않다가 고종은 환궁을 결심하고 그 가능성을 타진하고 있었다. 이에 대해서는《뮈텔 주교 일기》, 1896년 5월 21일과 7월 27일 참조.

11 "李範晉이 美國 주차공사로 임명되었고 徐光範은 中樞院議官으로 전임되었음. 요즘 이범진이 크게 러시아 공사의 감정을 상하게 하여 그 세력이 좀 쇠약해지는 것을 틈타 韓圭卨·沈相薰·李鍾健·申箕善 등이 서로 결탁하여 그를 배척한 결과임.……1896년 6월 21일."《駐韓日本公使館記錄》10권, 六月二十一日午後九時 發(李範晉·徐光範의 轉任 件).

12《駐韓日本公使館記錄》9권, 朝鮮事變ノ情況報告ノ件(機密第三○號).

의 곁을 한 발자국이라도 떠날 수 없으니 공사公使의 직을 감당할 만한 사람에게 다시 제수하기를 간절히 바란다는 상소를 올렸다.[13] 그러나 이러한 체차遞差 상소는 의례적인 행위에 지나지 않았다. 상소를 올리기 전부터 이범진은 미국행을 준비하고 있기 때문이다.

① 신임 주미공사 이범진 씨는……지난 22일 서재필을 방문하여 왕래往來의 편로便路, 미국의 풍속, 음식, 거처, 접객의 의절을 상세히 물었다고 한다.[14]

② 별보別報에 따르면 한국 정부는 4~5일 전 전공사前公使 서광범徐光範에게 속히 귀국하라고 전훈電訓하고, 신공사新公使 범진範晉도 역시 다음 달 초에 소실小室을 데리고 가기 위해 식량을 준비 중이라고 한다.……1896년 6월 30일.[15]

주미공사 파견이 적절하지 않다는 일부 반대에도[16] 불구하고 이범진은 미국행을 준비하고 있었다. 《한성신보漢城新報》의 보도에 따르면 이범진은 서재필을 찾아가 미국에 대해 여러 사정을 탐문하였다. 그리고 여러 경로를 통해 미국행에 대한 사전 지식을 충분히 수

13 《承政院日記》, 고종 33년 5월 22일(병진 양력 7월 2일).

14 《漢城新報》 제254호, 명치 29년 6월 26일 조선 건양 원년 6월 26일.

15 《駐韓日本公使館記錄》 11권, 內閣動靜(報告第三號).

16 "閣員 중에는 국왕의 還御를 성사시킨 것은 李氏의 책임이라며 이번 그의 외국행에 이의를 제기하는 자도 있다고 한다.……1896년 6월 30일." 《駐韓日本公使館記錄》 11권, 內閣動靜.

집한 것으로 보인다. 《미사일록》에는 거쳐 간 장소의 위도와 경도 표시는 물론 날짜 변경선, 그리고 미국의 사정이 자세히 기록되어 있는데, 이는 이범진이 사전에 상당한 준비를 하고 떠났음을 의미한다.

그런데 이범진이 《미사일록》과 같은 성격의 기록을 남긴 것은 당시 외교관들의 임무 중의 하나였던 것으로 생각된다. 박정양의 사례에서 이범진이 《미사일록》을 남긴 이유를 짐작할 수 있다. 박정양은 주미전권공사로 임명된 후 귀국하기까지 견문과 활동상을 《해상일기초海上日記草》, 《미행일기美行日記》, 《종환일기從宦日記》 등에 기록했다. 《해상일기초》의 마지막 부분에 "주미전권공사駐美全權公使 신臣 박정양朴定陽 참찬관參贊官 신臣 이완용李完用"이라고 쓴 것으로 보면 이 일기는 그와 이완용이 공동으로 작성하여 고종에게 올린 공식 보고서라고 판단된다고 한다.[17] 이러한 예로 본다면 이범진은 귀국 후 고종에게 그의 임무와 활동에 대한 보고서 작성을 위해 업무일지라고 할 수 있는 《미사일록》을 기록한 것으로 생각된다.

요컨대 아관파천 이후 급변하는 정세에 따라 권력을 상실한 이범진은 주미공사로 나가게 되었다. 이범진은 미국행에 앞서 서재필을 찾아가 미국에 대해 탐문하는 등 사전에 준비를 철저히 하였다. 그리고 그 파견 과정과 외교 활동을 《미사일록》에 일기 형식으로 남겼다. 아마도 《미사일록》은 주미공사 활동에 대한 업무일지였을 것이다.

---

[17] 이에 대해서는 한철호, 앞의 책, 39~40쪽 참조.

2. 이범진의 미국 여정

《미사일록》은 고종 33년(건양 원년, 1896) 6월 20일부터 이듬해 1월 31일까지 기록되어 있는데, 6월 20일부터 9월 10일까지 서울~미국 워싱턴의 여정을 약 10장 분량에 걸쳐 상세히 기술하고 있다. 《미사일록》에 나타나 있는 미국 여정을 살펴보면 다음과 같다.

이범진을 주미공사로 파견하는 것이 적절하지 않다는 일부의 반대에도 불구하고 공사 파견을 확고한 사실로 받아들인 이범진은 출국에 앞서 준비를 착착 진행해 나갔다. 6월 30일에 파견 비용을 지급받은 이범진은[18] 고종의 명에 따라 7월 16일에 출발하였다. 《미사일록》에는 이날의 상황을 다음과 같이 기록하고 있다.

7월 16일【음력 6월 6일】. 맑음.

인시寅時(오전 3~5시)에 임금께 하직 인사를 하고 국서國書, 국기國旗와 훈유訓諭, 위임장을 받들고 나왔다.

아내와 둘째 아들 위종瑋鍾, 주사主事 이익채李益采, 하인 박경창朴慶昌을 데리고 즉시 만휴정晩休亭을 나와 어머니께 절하고 작별 인사를 하였다. 이어서 삼포三浦(마포)에 있는 남양주인南陽主人 김응선金應善의 집으로 향하였다. 각 부部의 대신大臣, 협판協辦 이하와 친족과 인척, 친구 등이

[18] "駐美公使李範晉 行將登程 該公使外諸員及夫人加俸船車費日費計其日子程里 另開照會 該金額六千四十九元七十錢 卽速支撥."《外衙門日記》, 建陽元年 六月 三十日.

함께 와서 전별餞別하므로 술을 마시고 이별하였다. 멀리 궁궐을 바라다보고 외로이 떠있는 구름을 쳐다보니 나라와 집에 대한 그리움이 배나 간절하다. 곧이어 오리점梧里店을 향해 출발하여 30리를 가서 점심을 먹었다. 앞으로 인천항까지는 50리이다. 날이 저물녘에 객주客主 서상근徐相根의 집에 이르러 조금 쉬었다. 법국法國(프랑스) 군함軍艦의 수사제독水師提督 보몽(방문防門)【쌤모】이 명함을 보내 초대하였다. 작은 삼판선三板船을 타고 가서 군함에 승선하였다.[19]

이범진은 새벽녘(인시寅時)에 고종에게 배사拜辭하고 아침에 서울을 떠났다. 이후 이범진은 삼포三浦(마포), 오리점梧里店을 거쳐 인천항에 도착하였다. 인천항에는 프랑스 군함이 정박해 있었다. 이 배를 타고 이범진은 인천항을 떠났다. 이범진의 출발에 대해 일본공사관에서는 러시아 군함에 탑승할 것이라고 예상하고 있었다. 그리고 그가 프랑스 군함에 탑승한 것에 대해서도, "우연한 것으로 따로 어떤 의미가 있는 것이 아니다"라고 판단했다.[20] 그러나 이범진이 프랑스 군함에 탑승한 것은 이미 사전에 계획된 일이었다.

《뮈텔 주교 일기》 1896년 7월 7일 자에 따르면 나가사키에 있던 프랑스 극동함대 사령관 보몽Beaumont 제독이 전문을 보내 월요일(12일) 저녁에 서울에 도착할 예정이라고 하였다. 전보의 내용대로

---

[19] 《美槎日錄》, 건양 원년 7월 16일.

[20] 《駐韓日本公使館記錄》 10권, 七月十七日午後二時五十分 發(李範晉 佛艦에 승선 芝罘向發 件).

보몽 제독은 7월 12일 저녁 6시에 도착하였고, 7월 14일 4시경에 제독은 고종을 알현하였다. 이 자리에서 보몽은 철도 부설권을 프랑스 업체에 허가해 주도록 요청했다.[21] 아마도 이때 이범진의 탑승에 대한 교섭이 이루어진 듯하다.

이범진은 16일 아침에 서울을 떠나 점심 때 오리역에 도착했다. 보몽 제독은 점심 식사 후 서울을 떠나 인천으로 갔다. 전별을 마친 이범진은 저녁이 지나서야 보몽에게 도착 사실을 알렸다.[22] 이범진은 이날 밤을 프랑스 군함 바야르Bayard호에서 지냈고, 다음 날 오전에 인천항을 출발하였다.[23]

바야르호는 7월 18일, 청산도青山島와 유공도劉公島를 지나 연태항烟台港(지부芝罘)에 도착했다. 이범진이 일본으로 가지 않고 중국으로 간 것은 상해로 가려고 했기 때문이다. 이범진은 이곳에서 상해로 가는 청국 상선을 찾아 배를 바꾸어 탔다.[24] 오후 늦게(유시酉時) 출발한 배는 19일에 황해의 사미산蛇尾山를 지나 20일 상해에 도착하였다.

상해에 도착한 다음 날(21일), 이범진은 민영익閔泳翊을 만났으며, 22일과 23일에는 묄렌도르프Möllendorff(목인덕穆麟德)를 만났다.[25] 이

---

21 《뮈텔 주교 일기》, 1896년 7월 7일~15일 자 참조.

22 이때의 상황은 《뮈텔 주교 일기》, 1896년 7월 16일 자에서도 확인된다.

23 "以發輪之由 電票于宮內府 未正起烟."《美槎日錄》, 건양 원년 7월 17일.

24 "法督뽐모先入港口 探得上海去 淸國商船連陞號 不使不陸直導遞船 遂與뽐모相別."《美槎日錄》, 건양 원년 7월 18일.

25 "閔尙書泳翊 美領事젼의간來訪……穆麟德 叩門來訪…穆麟德又來."《美槎日錄》, 건양 원년 7월 21~23일.

때 이범진이 민영익과 묄렌도르프를 만난 이유는 묄렌도르프의 수기手記에서 확인된다.

갑신정변 때 중상을 입은 민영익은 묄렌도르프와 알렌의 도움으로 겨우 목숨을 유지할 수 있었으며, 1885년에는 원세개의 고종 폐위음모사건에 연루된 혐의를 받자 아예 중국으로 거처를 옮기게 되었다. 이후 조선을 오가며 정치 현안을 처리하였다.[26] 1896년 봄에 고종은 민영익의 부인을 상해로 보내 민영익을 조선으로 돌아오도록 설득하였다. 그러나 앞날을 장담하지 못한 민영익은 혼자는 갈 수 없으며 묄렌도르프와 함께 가지 않으면 돌아가지 않겠다고 거부했다. 그리고 고종은 묄렌도르프에게 계속 사신을 보내어 조력을 받았다고 한다.[27]

이런 사실로 볼 때 이범진이 바로 미국으로 가지 않고 상해에 들른 것은 민영익의 귀국을 설득하기 위함이었다. 그리고 묄렌도르프를 두 차례나 만난 것은 그의 조선 입국을 논의하기 위한 것으로 보인다. 조선에 우호적이었던 묄렌도르프는 출국 후에도 조선 재입국을 강하게 희망하였고, 고종 역시 그의 재입국을 추진하기도 하였다. 따라서 고종은 묄렌도르프와 친분이 두터웠던 이범진에게[28] 그

---

[26] 민영익의 망명과 정치 활동에 대해서는 노대환, 〈민영익의 삶과 정치 활동〉《한국사상사학》 18 (한국사상사학회, 2002) 참조.

[27] 穆麟德夫人 編, 고병익 譯, 〈穆麟德의 手記〉《진단학보》 24, 진단학회, 1963, 598쪽.

[28] "竄前武衛大將李景夏于古今島…景夏子範晋與穆麟德善 祈懇斡旋 得減死島配."《梅泉野錄》 卷1上, 甲午以前; "穆麟德 叩門來訪 九年前 曾共此人伴逞烟台天津 此日重逢 萍水敍阻."《美槎日錄》, 건양 원년 7월 22일.

의 입국 문제를 상의했던 것으로 생각된다.

한편 8월 6일에는 미 영사와 미국인 갈란드Garland를 만나 미국행을 논의했다. 이 자리에서 갈란드가 미국으로 가는 데 동행하기로 하였다. 그리고 8일에는 미국으로 같이 갈 참서 이의담李宜聃, 서기 이교석李敎奭이 도착하였다. 이범진은 상해에서 일주일을 더 머무른 후인 15일에 상해를 떠났다.

8월 15일, 이범진은 영국 우편선 Empress of China를 타고 일본으로 출발하였다. 17일에 일본 나가사키長崎에 정박하였고, 19일에 시모노세키馬關를 지나 상오 8시에 고베神戶항에 도착하였다. 다음 날 요코하마橫濱에 정박하였으며, 이때 이범진은 주일공사 이하영李夏榮을 만났다. 21일에 다시 이하영을 만났으며 일본에 도착한 사실을 대내大內에 전보하였다. 이날 오후 3시 반에 이범진이 탄 배는 태평양을 향해 출발했다.

일본을 떠난 배는 북태평양 노선으로 항해했다. 8월 23일, 배가 북빙해北氷海에 점점 가까워지자 이범진은 처음으로 냉랭한 기운을 느꼈다. 이범진은, "천하에는 온랭 기후가 있는데 잠깐 사이에 갑자기 달라지니 가히 의심스럽다"고 이때의 감회를 기록하고 배가 북위선 40도, 동경선 151도 12분에 있음을 기록했다. 24일에는 더욱 추워져서 서양 남녀들이 털모자와 털옷을 입었다고 하였다. 배는 북위선 43도 8분, 동경선 158도 12분을 지나고 있었다.

26일에는 날짜 변경선을 지났다. 이범진은 우리나라와 미국 워싱턴이 12시간의 차가 나는데 우리나라의 27일은 미국의 26일이 되니

26일을 두 번 쓴다고 하였다. 그리고 "여기부터 동서남북이 바뀌지 않은 바가 없고, 춥고 더운 것과 밤낮 역시 상반되지 않은 것이 없다. 이 땅의 낮은 곧 우리나라의 밤이다"[29]라고 하였다. 이렇게 하여 태평양을 횡단한 이범진 일행은 9월 2일 아침에 미국과 캐나다 국경에 도착했으며,[30] 정오에 빅토리아항에 정박했다.

3일에 밴쿠버에 정박한 후 상륙하여 철로에 승차하였다. 이범진 일행이 탔던 기차는 캐나다 횡단노선이었다. 밴쿠버를 출발한 이범진 일행은 4일에 로키산맥을 넘어,[31] 6일에 '원늬벅그Winnipeg'에, 7일에 슈피리어호에 도착하였다.[32] 8일에 오대호를 통과하였는데, 이범진은 "호수를 지나면 산이 나오고 산을 지나면 호수가 나온다. 혹은 산을 뚫어 길을 만들고 혹은 나무다리를 놓아 건넌다"고 하였다. 이날 상오 11시에 몬트리올에 도착하여 잠시 정차한 후 하오 7시에 오타와로 향했다. 이렇게 하여 캐나다를 횡단하게 된 이범진은 곧 미국으로 향했다.

이범진은 9일 오전에 뉴욕에 도착하였다. 이곳에서 지금까지 동

---

29 "至華盛頓 卽致有十二點之差 與我國可爲子午相反 蓋我國二十五日之曉 卽美國二십四日之夕 故我國二十七日 亦以美國之二十六日用之者 蓋非一日之相差也 不過是半日之差…自此以往東西南北 無不易位 寒暑晝夜 亦莫不相反 此地晝卽我國之夜也."《美槎日錄》, 건양 원년 8월 26일·27일.

30 "辰正到兩國界山口 南則是華盛頓邑싀테잇트美國界也 北則是ㅅ빈큐버아일난드 英國界也."《美槎日錄》, 건양 원년 9월 2일.

31 "自此以往高山大岳…其山名碌鬼山[Rocky Mountains]."《美槎日錄》, 건양 원년 9월 4일.

32 "馳到포트월림暫停 約行數十里 許見一大海…非海伊湖也 湖名上等湖레익쉬퍼리러."《美槎日錄》, 건양 원년 9월 7일.

행했던 갈란드와 헤어졌다. 이범진은 워싱턴 주미공관에 전보를 보내 뉴욕에 도착한 사실을 알렸다. 10일 11시에 뉴욕을 출발하여 배를 타고 허드슨강을 건너 정오에 워싱턴 정거장에 도착하니 공사 서광범, 참서參書 박승봉朴勝鳳, 직부直赴 서병규徐丙奎 등이 나와 기다리고 있었다. 일행은 마차를 타고 오후에 공관에 도착하였다.[33]

요컨대 이범진 일행은 중국, 일본을 거쳐 북태평양을 건너 밴쿠버에 도착한 다음 캐나다를 횡단하여 미국 워싱턴에 도착했다. 이범진이 일본으로 직접 가지 않고 중국을 거쳐 간 이유는 고종의 밀명으로 민영익과 묄렌도르프를 만나야 했기 때문이다. 아마도 고종은 이범진을 통해 이들의 귀국 문제를 논의했을 것으로 생각된다. 그리고 이범진 일행은 샌프란시스코에 입항하여 미국을 횡단하는 통상적인 여정과 달리 캐나다를 횡단하여 미국으로 입국하였다. 이것은 앞서 미국에 입국했던 민영익, 박정양 등과는 다른 노선이었다. 이범진 일행이 왜 이들과는 달리 캐나다를 거쳐 갔는지에 대해서는 확인되지 않는다.

---

33 방선주, 앞 논문, 447쪽에는 이범진이 부인 박씨, 차자 위종, 서기관 이의담, 수행원 이교석과 함께 9월 9일에 워싱턴에 도착하였다고 한다. 이와 달리 《美槎日錄》에는 워싱턴 도착일이 10일이라 하였다.

3. 이범진의 외교 활동

7월 16일에 서울을 떠난 이범진 일행은 중국, 일본, 캐나다를 거쳐 9월 10일에 워싱턴에 도착했다. 중국 상해에서 오랫동안 체류한 탓에 미국에 도착하기까지 많은 시일이 소요되었다. 11일 오후에 이범진은 새 공사가 공사관에 도착했음을 미 외부에 알리고 우리 외부外部에도 도착 사실을 전보했다.

이범진의 본격적인 미국 생활은 14일부터 시작되었다. 이범진은 서광범과 함께 외부 제2협판 에디Adee[34]를 만났다. 아마도 신·구 공사 교체 사실과 미 대통령 면담 문제가 논의되었을 것이다. 이후 이범진은 미국 주재 한국공사로서 본격적인 활동을 하였을 것인데, 지금까지는 그의 미국 활동에 대해 구체적으로 알려진 바가 없었다. 이제 《미사일록》에 나타난 그의 활동상을 몇 가지로 나누어 살펴보기로 한다.

1) 대미 외교 활동

이범진은 주미공사라는 직무에 따라 대통령 및 행정부의 주요 인사

[34] Alvey A. Adee(1842~1924)는 조미관계와 관련하여 조선 문제에 중립을 지키라는 훈령을 내린 바 있다. 이에 대해서는 F. H. 해링톤 著, 李光麟 譯, 《開化期의 韓美關係》, 一潮閣, 1974, 259~260쪽 참조.

를 방문하는 한편, 워싱턴에 주재하는 외국 공사와 친분을 쌓아 나갔다. 먼저 대통령 면담은 부임 인사로부터 시작되었다. 9월 10일에 워싱턴에 도착한 이범진이 대통령과 면담이 이루어진 것은 한 달이 지난 후였다. 10월 9일, 클리블랜드 대통령이 휴가에서 돌아온 후에야 면담이 구체적으로 진행되었다. 13일, 미 외부에서 다음 날 대통령 면담이 있음을 알려왔다.

14일 정오에 이범진 일행은 대통령을 면담하기 위해 백악관으로 향했다. 공사 이범진, 참서관 이의담, 서기생 이교석은 오사모, 오각대, 흑단령, 목화木靴 등을 착용한 채 대통령 관저로 향했다. 외부대신 '알은네'의 안내로 입실하여 대통령과 서로 인사했다. 인사를 마친 후에 이범진이 먼저 축사를 읽고, 국서를 대통령에게 올렸으며, 미 외부 대신이 대통령의 답사[35]를 읽었다. 이러한 의식이 끝난 후 이범진과 대통령은 간단한 대화를 나누었다. 대통령은 이전 주미공사였던 박정양의 안부를 물었고, 이범진은 그가 현재 내부 대신이 되었다고 알려주었다. 이에 대통령은 공사를 환영하며 양국 간에 영구히 친목하고 처음과 한결같을 것을 약속한다고 화답하였다. 이렇게 하여 이범진의 대통령 면담은 끝이 났다.

대통령 면담 후 이범진은 미 정부의 주요 인사와 각국 공사들에게 부임 사실을 알렸다. 대통령을 처음으로 면담한 날 오후에 8부 장

---

35 이범진의 축사와 클리블랜드 대통령의 답사가 《美槎日錄》, 건양 원년 10월 14일 자에 실려 있다.

관과 재판장, 부통령 에드라이 시듸운스Adlai E. Stevenson에게 명함을 보내 인사하였고, 워싱턴에 주재하는 각국 공사관에도 명함을 보냈다.[36] 이후 이범진의 활동은 주로 각국 공사를 방문하는 것이었다. 당시는 정권 교체기로 미국 대통령 선거일이 11월 3일로 잡혀 있었다. 그리고 새 정부는 3월에 출범하게 되어 있었으므로 현 정부에 대한 외교 활동은 제한적일 수밖에 없었다. 따라서 9월에 부임한 이범진은 이 해 연말까지 각국 공사를 방문하는 것이 주요 활동이었다.

한편, 1897년 새해 들어서 대통령이 여러 행사를 주최하자 이범진은 대통령을 면담할 기회가 많아졌다. 12월 28일에 대통령이 새해를 맞아 1월 1일에 각국 공사를 접견한다는 외부의 통첩을 받았다. 그리고 31일에는 미 외부 대신이 '새해 1일 대통령 접빈 의절' 1통을 보내왔다. 이 통보대로 이범진은 이듬해 1월 1일에 동료들과 함께 신년 하례를 위해 대통령 관저로 갔다. 그리고 1월 14일에도 이범진은 대통령 주최 행사에 참석하였다. 이때 관저에는 각국 공사 내외와 자녀가 모여 있었고, 미국 주요 인사 내외, 자녀 등이 왔다고 한다. 1월 21일에도 대통령 주최 만찬이 있었다. 하오 8시에

---

36 명함을 보낸 공사관은 29곳이었는데, 이를 지역별로 살펴보면 다음과 같다.
유럽: 영국, 프랑스, 이탈리아, 독일, 스웨덴, 스위스, 스페인, 덴마크, 러시아, 포르투갈, 오스트리아.
아시아: 터키, 필리핀, 청, 일본.
중남미: 멕시코, 南美(?), 브라질, 콜롬비아, 과테말라, 칠레, 베네수엘라, 온두라스, 에콰도르, 아르헨티나, 코스타리카, 도미니카, 아이티.
기타 지역: 하와이.

이범진은 부인과 함께 대통령 관저로 갔다. 대통령 내외가 각국 공사를 영접하였으며 대통령은 식탁 오른편 가운데 앉고 대통령 부인은 왼편 가운데에 자리하였다. 이때 이범진 공사는 부통령 딸과 같이 앉게 되었다고 한다. 만찬에서 서로 담배를 권하고 탁상에 앉아 맞담배를 하는 모습을 본 이범진은 "해괴하다"고 표현하였으며, "남자는 친숙하지 않은 부인 앞에서는 흡연하지 않는다", "대통령보다 더 부인을 공경히 대우하니 서양에서 부인이 존귀하다는 것을 알겠다"고 당시 상황을 기록했다.

1월 23일, 대통령 부인이 각국 공사 부인을 초청하여 다회를 열었다. 이 다회에는 이범진 공사 부인이 혼자 가서 참석하고 돌아왔다. 그리고 25일에는 대통령 부인이 주최하는 행사에 참석하였다. 이범진은 공사관 동료, 부인, 아들 위종과 함께 대통령 관저로 갔다. 이때 대통령 부인이 위종의 나이, 그리고 영어를 배웠는지에 대해 물었다고 한다.[37] 28일에도 대통령 주최 행사에 참석하였다. 이범진은 부인, 위종과 함께 행사에 참석하였는데, 이때 대통령은 위종의 이름과 나이를 물으며 환대하였다고 한다.

이렇게 하여 이범진은 신임 인사 차 대통령을 면담한 이후 1898년 1월까지 모두 5차례에 걸쳐 대통령을 면담하였다. 그러나 면담

---

[37] "統領夫人 問瑋鍾之年 又問學英語 別般撫之愛之 有款熟底㨾也."《美槎日錄》, 건양 2년 1월 25일. 이러한 내용으로 보아 이위종은 조선에서 영어 교육을 받은 것으로 생각된다. 그리고 이위종이 외국어에 뛰어났음은, "李範晉子瑋鍾 年方二十一 自七歲隨父 遊歷歐美 能操洋語"(《매천야록》 권3, 정미 광무 11)이 참고된다.

은 행사에 따른 의례적인 것이었을 뿐 조미관계의 특별한 사항을 논의한 것은 아니었다. 다만 대통령 면담 과정에서 이위종이 참석하고 있고, 그가 어느 정도 영어를 알고 있었던 사실이 주목된다.

한편 대통령 외에 이범진이 만난 주요 인사로는 우정 장관과 탁지 대신이 있었다. 먼저 우정 장관을 만난 이범진은 서찰이 혹 지체되고, 혹은 잃어버리는 염려가 없지 않다고 말하였다. 이에 장관은, 조선과 미국이 만약 우체조약이 있다면 서찰이 어느 지방에서 지체되는지 알 수 있으나 지금은 양국 간에 우편조약이 없어 어디에서 지체되는지 알기 어렵다고 하였다. 그리하여 장관은 별도로 우체통 하나를 만들어 공관 문 앞 벽에 붙이게 하였다고 한다.[38] 그리고 이범진은 탁지 대신과 약속하여 탁지부度支部를 방문하였다. 1월 21일 오후에 이범진은 탁지부의 지폐 교환소, 출납소, 은고銀庫와 금고金庫 등을 둘러보았다. 탁지부를 둘러본 이범진은 미국 예산에 대해 큰 관심을 가진 듯 세입액과 지출액, 그리고 각각의 항목 내역에 대해 상세히 언급하고 있다.[39]

---

38 《美槎日錄》, 건양 2년 1월 26일. 우편제도에 대한 이범진의 관심은 나중에 그가 만국우편조약에 관여하게 되는 계기가 되었을 것으로 보인다. "駐箚美國全權公使李範晉 命赴美統郵公會一等全權委員."《承政院日記》, 고종 34년 2월 20일 양 3월 22일; "四年一月 建陽二年 五月 二十日 萬國郵遞聯名全權委員李範晋等 締郵遞聯合約於米都華盛頓 光武二年七月二十九日批準 一月始告示而實施."《大韓季年史》 卷5, 高宗皇帝 光武四年庚子.

39 "今年豫算爲四萬七千二百二十九萬三千一百二十元七角五分 稅入爲四萬七百 七十萬三千一百二十元七角五分 而不足爲六千四百五十萬元 稅入秩 關稅 一萬四千八百萬元 內地稅…雜稅…郵入…統合四萬零七百七十九萬三千一百二十元七角五分 支

2) 외국 공사와의 교제

9월에 부임한 이후 이범진은 각국 공사를 방문하였으며, 각국 공사도 이범진을 찾아왔다. 이러한 상호 방문은 이범진의 신임 인사와 관련한 것으로 외교상으로 특별한 일은 기록되어 있지 않다. 그러나 다른 나라의 특별한 사정을 기록한 것이 보인다.

③ 남미 에콰도르 코피 항구에 큰 재난이 일어나서 가옥이 불타고 죽은 사람이 수백 명에, 이재민이 3만여 명에 달하며, 손실 재산이 8천만 원이라고 한다.[40]

④ 브라질 공사가 저녁 식사를 같이하자고 요청하여 하오 8시에 내권內眷과 함께 같이 갔다.……브라질은 남미 중 최고로 강대한데 동서 7천 영리英里, 남북 5백 영리이며, 인구는 천 사백만 명이고 민주국이다. 1년의 지세는 80백만 원이며 통상하는 수출은 매년 110만 원이고 수입은 매년 1백만 원이라고 한다.[41]

이렇듯 이범진은 에콰도르에서 벌어진 참사와 브라질에 대해 간

出秩 文官各部費…陸軍費…海軍費…土種人用費…功勳費…本國國債邊利費…郵便費…統合四萬七千二百二十九萬三千一百二十元七角五分也."《美槎日錄》, 건양 2년 1월 21일.

[40]《美槎日錄》, 건양 원년 11월 21일.

[41]《美槎日錄》, 건양 2년 1월 22일.

략히 기록했다. 이범진은 미국 이외 다른 나라의 상황에도 관심을 기울이고 있었던 것이다. 그런데 이범진은 다른 나라 공사와의 외교 접견을 매우 부담스러워 했다. 즉, 에콰도르 참사에 대해 "각국 공사관에 와서 원조를 요청하는데, 심히 측은하나 지금 경비가 들어오지 않아 스스로 돌봄 틈이 없어 손조損助를 못한다"[42]고 하였고, 각국 공사와 각 고등관이 다회茶會를 열고 초청하였으나 가지 않았다고 한다. 이범진은 그 이유를 다음과 같이 밝히고 있다.

> 각국 공사와 각 고등관이 다회를 연다고 초청장을 보내왔는데 가지 않으면, 거만하다는 평가를 받을 뿐만 아니라 교섭하는 데도 흠이 된다. 만약 간다면 다른 사람이 마련한 음식을 많이 먹고서도 한 번도 사례하는 다회를 열지 못하였으므로 얼굴이 붉어지도록 부끄러운 것을 모르지는 않는다. 그러나 남에게 진 빚이 산과 같으니 곤란이 몹시 심하여 다른 일을 돌아볼 겨를이 없는데 어느 겨를에 예의를 차리겠는가. 이것이 이른바 가는 것도 난처하고 가지 않는 것도 난처하다는 말이다. 다회의 초청장이 오면 눈썹이 찌푸려지고 발길이 느려지며, 만부득이하여 문을 나설 때는 크게 탄식이 나온다.[43]

---

42 "各國領事官列名發簡輪示于各國公館 來請補助 見甚矜惻 而現今經費不入 自救不暇 故姑未損助."《美槎日錄》, 건양 원년 11월 21일.

43 "各國公使與各高等官 設茶會請帖 而不去 則非但倨傲有欠交涉也 若去則他人之物多喫 而不得一番回謝設會 非不知赧然心愧然 負債如山 救死不贍 奚暇治禮哉."《美槎日錄》, 건양 2년 1월 12일.

이범진의 말대로 당시 주미공사관의 재정 사정은 매우 열악했다.[44] 따라서 상호 호의를 베풀어야 하는 외교관계에 있어 열악한 재정은 이범진의 외교 활동에 큰 제약이 되었을 것이다. 이범진이 만난 미국의 주요 인사와 각국 공사들은 조선 문제에 관심을 표명하였다.[45] 그럼에도 이범진은 외교관 간의 친목 활동에 소극적이었다. 결국 주미공사관의 재정 문제는 주미공사가 다양한 외교 활동을 펼치는 것을 불가능하게 만들었던 원인이 된 것이 아닌가 한다.

3) 교민 지원 활동

방선주는 이범진의 주미공사 활동에 대해 "유학생을 돕는 대신, 인삼 행상을 많이 도왔다는 인상이 짙다"고 하였다. 이범진이 주미공사로서 교민 활동에 그리 적극적이지 않았다고 본 것이다. 사실《미사일록》에는 교민의 사정이나 교민 지원 활동에 대한 기록을 찾아

---

44 주미공사관의 재정과 관련하여 이의담은 밀린 월급을 지급해 달라고 하는 청원서를 제출했다. "本人(李宜聃)이 業於建陽二年七月日에 駐美公舘參書官으로 該年九月十日에 赴任이온바 到舘翌日爲始ᄒᆞ야 俸給支撥은 章程所在이온 바…該公舘各官員에 俸給을 自建陽二年九月十一日로 至同年十二月三十一日 合三箇月二十日條○ 不爲支撥ᄒᆞ셧ᄉᆞ온ᄃᆡ"《各司謄錄》〈請願書〉, 前주미공사참서관의 밀린 봉급 청원과 처분.

45 "美國之紳弁及儒士 以至各國之使价 每與酬答之際 多以爲歸國之因封 尙未過行 而大君主陛下 何不還御之由爲問 則不辭可答 愧忸之心."《美槎日錄》, 건양 원년 11월 23·24일.

볼 수 없다. 《미사일록》이 짧은 기간만을 기록한 데도 원인이 있겠으나 공사의 공식 활동만을 기록하고자 했기 때문일 것이다. 그런데 《미사일록》에는 유학생과 관련된 사실이 하나 기록되어 있다.

⑤ 본국 학도 김헌식金憲植, 이희철李喜轍, 임병구林炳龜, 안정식安廷植, 여병현呂炳鉉, 이범수李範壽, 이하영李厦永 등은 일찍이 일본 학교에서 학업하였는데, 작년 8월 사변 후에 나라의 원수를 갚지 못하니 같은 하늘 아래 살 수 없다고 하여 멀리 바다를 건너 미국 학교에 와서 수업하고 있으니 충의의 기상이 아주 가상하다. 이날 다 같이 만나 보았다.[46]

⑥ 학도 임병구, 여병현, 이범수, 이하영 등이 영불英·佛 두 나라를 유람한다고 하여 다 같이 와서 고별하였다. 뜻을 이루려는 의지가 매우 가상하다.[47]

이 내용과 관련하여 일본신문 《요로즈朝報》 1896년 3월 1일 자에는, "경응의숙에 수학 중이던 임병구林炳龜(19), 이범수李範壽(24), 김헌식金憲植(27), 안정식安禎植(27), 여병현呂炳鉉(26), 이하영李厦榮(29) 6명은 거월去月 27일에서 익翌 28일 사이에 동교 기숙사를 은밀히 빠져나와 미국 도항을 도모하여……"라고 보도하였고, 4월 17일 자

[46] 《美槎日錄》, 건양 원년 9월 10일.
[47] 《美槎日錄》, 건양 원년 9월 23일.

《시사신보時事新報》에는, "지난 2월 경응의숙을 도망하여 미국에 도항한 유학생 6명은 밴쿠버에 도착하여 곤란한 처지에 있다고 한다. 6명은 작년 7월 중 일본으로 온 조선 정부 유학생으로 미국 워싱턴시에 가는 자들로 두발을 자르고 양복을 입고, 재일조선공사로부터 재미공사 서광범에게 보내는 편지를 가지고 이달 11일에 밴쿠버에 도착하였다"고 하였다.[48] 그런데 《1896년도 하워드대학 연례보고서》에 "한 푼 없는 코리안Corean 7명이 본 대학에 들어와 도움을 청하여 직·간접으로 도왔다"고 적혀 있다고 한다.[49] 이러한 내용을 종합해 본다면 을미사변으로 불만을 가진 조선 유학생으로 일본에서 미국으로 간 사람은 모두 7명이었다. 이러한 사실은 《미사일록》에서 확실히 알 수 있다. 즉 일본 측에서 미처 파악하지 못한 나머지 1명은 《미사일록》에 나와 있는 이희철이다. 그리고 이들 7명 중 임병구, 여병현, 이범수, 이하영 등은 서양에 대한 견문을 넓히기 위해 얼마 후 유럽으로 떠났음이 확인된다.

한편 이범진은 입국한 지 두 달이 채 안 된 11월 2일, 아들 위종을 소학교 수업에 보냈다.[50] 이는 지금까지 알려진 사실과는 좀 다르다. 지금까지 알려진 바로는 이위종은 워싱턴에서 1896년부터 1900년까지 약 4년간 College of Janson de Lailly를 다녔다고 한다.[51] 꼴라쥐

---

48 방선주, 앞의 논문, 442쪽에서 재인용.

49 방선주, 앞의 논문, 443쪽.

50 《美槎日錄》, 건양 1년 11월 2일.

51 "Prince Ye We-Chong is the son of Chin Pom Ye, who was Korean Minister to the United

College는 11세의 어린이가 입학하는 중등학교를 말하므로 이위종은 프랑스계 중등학교에서 교육을 받았으며, 외국인이 꼴라쥐에 들어가려면 간단한 학력 테스트를 거쳐야 했으므로 이위종은 서울에서 근대식 유년 교육을 받은 후에 도미했을 것이다.[52] 그러나 《미사일록》에 따르면 이범진은 꼴라쥐에 입학하기 전에 먼저 소학교에 입학했던 것으로 보인다.[53] 꼴라쥐에 입학한 것은 소학교 졸업 후였을 것이다.

4. 이범진의 미국 인식

이범진은 캐나다를 횡단한 후 오타와를 거쳐 9일에 뉴욕에 도착했다. 이범진은 뉴욕을 "세계 최대의 대도회이며 런던, 파리와 서로 백중이다"라고 표현하였다. 9월 10일 상오 11시에 뉴욕을 출발하여 허드슨강을 건너 워싱턴에 도착한 이범진은, "길가에 집들이 휘

States, 1896-1900. … He lived in Washington. D. C., four years, attended the College of Janson de Lailly and for two years was a student at the special military school at St. Cyr in Paris"…-EDITOR-" YE WE CHONG, 〈A Plea for Korea〉《THE INDEPENDENT》 Vol. 63, New York, August 22, 1907.

[52] 오영섭, 〈이위종의 생애와 독립운동〉《헤이그특사와 한국독립운동》, 천안: 독립기념관 한국독립운동사연구소, 2007, 123~125쪽.

[53] 이범진이 College(중학교)를 소학교로 착각했을 가능성은 없어 보인다. 미국의 교육제도에 대해서는 유길준, 박정양 등을 통해 조선에 알려져 있었다.

황찬란하고 땅이 비옥하여 오곡이 잘 익었다. 모두 희이자득熙怡自得하니 지치至治의 세상이다"라고 감탄하였다. 그러면서 미국은 북미의 최대국이라 하면서 미국의 경계境界, 인종, 언어, 독립전쟁, 인구, 면적, 국가 형태, 8부部(외부外部, 내부內部, 탁지부度支部, 우정부郵政部, 군부軍部, 수사부水師部, 법부法部, 농부農部) 등 행정부의 조직, 상의원上議院과 하의원下議院의 국회, 수도와 워싱턴 천도, 시차와 기후, 외국 공사관의 수 등을 기록했다.[54] 이러한 미국에 대한 지식은 여러 경로를 통해 이범진이 사전에 습득한 것으로 보인다.[55] 그러면 이범진은 미국에 체류하면서 어떤 일을 겪었으며, 미국에 대해 어떻게 인식했을까.

먼저 이범진이 부임할 당시 미국은 정권 교체기였다. 이범진은 미국의 내동령 선거에 대해 다음과 같이 기록하였다.

> (11월) 3일, 대통령은 오늘 투표하여 선택한다. 브라이언은 은화론 주조를 주장하고, 맥킨리는 금화론을 주장하였다. 맥킨리의 표가 많아 대통령이 되었다.……4일……대통령이 새로 선출되었는데, 명년 3월에 부임

---

54 《美槎日錄》, 건양 1년 9월 10일,

55 당시 외국에 대한 정보는《한성순보漢城旬報》,《독립신문》과 같은 언론에서 자세히 소개되고 있었다. 그리고《해국도지》,《조선책략》등 외국 사정을 전해주는 여러 서적들이 1880년대에 조선에 소개되어 식자층에게 유포되어 영향을 주었다는 사실에 대해서는 한철호, 앞의 책, 42~43쪽 참조. 이범진 역시 이러한 매체와 박정양의《미행일기》, 유길준의《서유견문》등을 통해 미국의 사정을 충분히 알았을 것이다.

한다고 한다. 미국 정부는 이날 밤 1백 발의 대포를 쏘아 경축하였다.[56]

이범진은 1896년 11월 3일에 있었던 브라이언William Jennings Bryan과 맥킨리William McKinley가 대결한 미국 대통령 선거를 지켜보았다. 그런데 1896년의 미국 대통령 선거는 미국 역사상 매우 기억할 만한 사건으로 평가되고 있다. 당시 미국 경제는 큰 위기에 처해 있었다. 당시 미국은 경제 악화를 해결하기 위해 금과 마찬가지로 은을 화폐로 이용해야 한다는 주장이 강력히 제기되고 있었다. 그러나 당시 미국은 금본위제를 운영하고 있었다. 1896년 민주당의 대통령 후보인 브라이언은 은본위제 주창자 중의 한 명이었다. 그러나 브라이언은 선거에서 공화당의 맥킨리에게 패배했고, 미국은 계속해서 금본위제를 유지하였다. 이처럼 이범진은 미국 역대 대통령 선거사상 가장 치열했던 1896년의 선거를 직접 경험하고 당시의 정치 쟁점을 잘 요약해 기록했다.

한편, 이범진은 미국의 제도에 대해 언급하고 있다. 헌법에 따라 12월의 첫 월요일인 12월 7일에 의사당을 개원하여 예산을 처리하며, 의원은 상·하 의원으로 되어 있다고 하였다. 이범진은 의사당의 개원을 참관한 후 다수결 원칙에 대해 "진실로 좋은 법이고 아름다운 광경"이라고 하였다. 그리고 이범진은 고등재판소의 재판을 참

56 《美槎日錄》, 건양 원년 11월 3일.

관하고 재판 광경과 사형제도를 설명했다.[57]

이범진은 미국 문화에 대해서도 언급하였다. 미국에 도착 후 이범진은 서광범의 안내로 9월 13일에 워싱턴 기념비와 동물원, 18일에 박물관, 노병원老兵院[Soldier Home], 20일에 남북전쟁기념관인 화투원畵鬪院과 의사당, 24일에 수족관觀魚館을 방문하였다. 그리고 이범진은 기빙 데이Thanksgiving day에 대해 다음과 같이 기록하고 있다.

> 오늘은 양어洋語로 이른바 기빙 데이라고 한다. 옛날에 처음으로 미국에 온 후 음식을 먹은 날이라고 하여 사식일賜食日로 칭한다. 신사와 평민들이 서로 감사하고 천주天主에게 축원한다. 매번 이날은 (11월) 하순의 목요일인데, 대통령이 택정하여 행한다.……최고의 음식은 칠변조七變鳥 고기이다. 양어洋語로 '테기'라 칭한다.……이 음식은 미국인이 매우 좋아하는 것이다.[58]

이범진은 자신이 본 미국의 추수감사절과 크리스마스에 대해, 그

---

[57] "是日初則月曜日 依獨立後憲法例 開議事堂 政務財產豫皆打算."《美槎日錄》, 건양 원년 12월 7일. ; "議院之內設上下議院兩處 又設高等裁判所…取其多論…眞良法美觀也…一人先訴情由言 畢後一人又訴情由 則請裁判長參其兩隻之曲直是非 考其律文之襯當 照律裁判…若有處死之人 則請來教師爲天洗盟 以導後生善人 後處絞."《美槎日錄》, 건양 2년 1월 7일. 미국의 의회 소집일은 처음에는 12월 첫째 월요일이었다가 헌법 수정에 따라 지금은 1월 3일로 바뀌었다.

[58]《美槎日錄》, 건양 원년 11월 26일. 추수감사절은 1941년부터 11월의 4번째 목요일로 바뀌었다.

의미와 음식문화에 대해 소상히 서술하고 있다. 그리고 미국의 경축일을 언급하고 이날은 휴일로서 '정부로부터 여항閭巷에 이르기까지' 모든 미국인들이 연회를 열고 즐긴다고 하였다.[59]

미국에 대한 이범진의 생각은 매우 우호적이었다. 미국에 첫발을 내딛고 "지치至治의 세상"이라 하였고, 아침에 미국 학생들이 등교하는 광경을 보고 "문명 진보의 풍속이 날로 상승하니 사람으로 하여금 부럽게 한다"[60]라고 하였다. 그리고 12월 14일 자 기록에서는, "지금 철도가 5만여 마일, 우통郵筒이 각지에 두루 있고, 전국電局이 설치된 것이 1만 2천여 소, 병기와 군함이 정치精緻하고, 민과 나라가 풍요하여 장래의 진보를 헤아리기 불가할 정도이다. 지금 우리나라 형편을 개화 이전의 미국과 비교해도 천양지차일 뿐만이 아니다. 군신 상하가 부지런히 힘써 분발하니 공리共理의 시기라 하겠다"[61]라고 하여 미국의 발전상을 극찬하였다.

---

59 "今日卽耶蘇生日也 此乃歐美國一年內大慶節…其前預斫松杉等木 挿于大盆 中懸各色彩絲又爲植燭於枝上 謂其樹曰크리스마스木…伊日男女朋友各以物品互相贈遺之 其前夜卽市門通夜不局 寺中鳴鐘奏樂湊說宣教 人肩相磨 蓋美國之俗 有六大慶節 一月一日 及二月二十七日華盛頓生日 五月三十日安陵頓弔魂日 七月四日獨立日 十一月賜食日無定日 及此日也 每於此等日 上自政府下至閭巷 休暇宴遨也."《美槎日錄》, 건양 원년 12월 25일.

60 "每日上午八九點 都下男婦童摒打扮 挾册往赴于學校者 坌集輻輳 而以至全國之人民皆如是 文明進步之俗 烝烝日上令人艶羨."《美槎日錄》, 건양 원년 11월 22일.

61 "今卽鐵道之積爲五萬英里 郵筒遍于各地方 電局之設爲一萬二千餘所 兵器軍艦極子精緻 民殷國富物豐人繁 將來進步不可量也 以今我國之形便較者於美國未開化之前卽不啻天壤矣 君臣上下 宵旰勵精發憤 共理之秋也."《美槎日錄》, 건양 원년 12월 14일.

한편 조선의 개화에 대해 이범진은 다음과 같은 견해를 피력하였다.

> 나라의 강약과 흥망은 사람에게 달려 있고 나라의 크고 작음에 달려 있지 않다. 하와이와 벨기에는 매우 작은 나라인데도 능히 스스로 강대해져서 만국의 사이에서도 독립할 수 있다. 조선을 만약 하와이와 벨기에 두 나라와 비교하자면 국토의 면적, 인물, 재물이 도리어 나은 점이 있다. 정치를 맡은 여러 신하가 만약 온갖 괴로움을 참고 견디며 떨쳐 일어나 분발하여 끊임없이 정진한다면 크게는 미합중국과 같이 되고, 작게는 하와이, 벨기에 두 나라처럼 될 것이니, 한 마음으로 개명하기를 밤낮으로 간절히 빈다.[62]

이범진은 하와이(布哇)와 벨기에(比利)가 독립국을 유지하고 있는데, 이들 나라보다 조선이 더 나은 조건을 갖고 있으므로[63] 한마음으로 개화에 나선다면 자대자강해지고 독립국의 지위를 유지할 수 있을 것이라고 생각했다. 이에 이범진은 조선의 개혁안을 구체적으로 제시하였다. 즉, 1898년 3월에 이범진은 조선에 필요한 개혁

---

62 《美槎日錄》, 건양 2년 1월 12일.

63 조선의 크기가 외국과 비교하여 결코 뒤떨어지지 않는다는 주장은 《독립신문》 24호(1896. 5. 13.) 논설에서 소개된 적이 있다. "세계 각국과 비교하면, 조선이 영국보다는 크고, 벨기에(比利時, Brussel)보다 9갑절이 크고, 네덜란드(和蘭, Netherland)보다 8갑절이 크고……이것을 보면, 조선이 세계 가운데서 큰 나라요, 토지는 동양에서 제일이다."

안 열 가지를 게일Gale에게 공표해 주기를 요청하였다.[64] 이러한 사실로 보아 주미공사 시절에 미국의 발전상을 직접 경험한 이범진은 조선의 개혁과 개화에 대해 매우 적극적인 입장을 지니게 되었음을 알 수 있다. 그리고 이범진은 개혁과 개화가 조선의 독립을 가져올 수 있을 것으로 확신했다.

요컨대 이범진은 미국행에 앞서 미국에 대한 상당한 사전 지식을 가지고 있었으며, 뉴욕·워싱턴을 직접 본 후 미국의 발전에 대해 크게 고무되었다. 그러면서 조선이 비록 작은 나라이지만 한마음으로 개혁, 개화한다면 독립을 유지하고 미국과 같이 발전할 수도 있다고 생각했다.

맺음말

아관파천을 성공으로 이끌었으나 이후 급변하는 정세에 따라 권력을 상실한 이범진은 주미공사로 나가게 되었다. 이에 이범진은 파

---

64 이범진이 생각한 조선의 개혁 방안 열 가지는 ① 교육, ② 산업 장려, ③ 군대 훈련, ④ 한직閑職 폐지, ⑤ 양반제도의 폐지, ⑥ 관리별로 권력을 승인할 것, ⑦ 특별한 자격이 있는 몇몇 나라에 의해 서구의 지식을 조선에 이식할 것, ⑧ 정부의 제도를 영국과 독일의 법률에 기초해서 개혁할 것, ⑨ 평복으로 흰 옷을 금지할 것, ⑩ 언문을 국문으로 할 것 등이다. 이에 대해서는 James S. Gale, 張文平 역, 《코리언 스케치》, 서울: 범우사, 1979, 261~262쪽.

견 과정과 공사 활동을 《미사일록》에 남겼다. 따라서 《미사일록》을 통해 이범진의 주미공사 활동에 대한 새로운 사실을 확인할 수 있다. 이를 요약하면 다음과 같다.

첫째, 이범진의 미국 여정에 대해, "7월 16일에 인천에 도착하여 서상근徐相根 집에 투숙하고, 새벽 3시에 프랑스함 바야르호에 승선하였으며, 17일 오후 3시경에 상해로 직항하고, 9월 9일에 부인 박씨, 차자 위종, 서기관 이의담, 수행원 이교석과 함께 워싱턴에 도착"[65]한 것으로, 혹은 "소실 박씨, 둘째 아들 위종, 참서관 박역규, 서기생 이풍의를 데리고 마포에서 도보로 인천까지 이동하였다. 이어 17일에 인천에서 미국 군함을 이용하여 청국 지푸를 거쳐 상해를 경유하여 미국 기선으로 갈아타고 9월 9일에 워싱턴에 도착"[66]한 것으로 알려져 왔다. 그러나 《미사일록》에 따르면 이범진은 부인과 이위종, 그리고 주사 이익채, 하인 박경창 등과 함께 서울을 떠났으며, 상해에서 참서 이의담, 서기 이교석과 합류하였다. 이범진이 일본 쪽으로 가지 않고 중국 상해를 경유한 것은 민영익과 묄렌도르프를 만나려 했기 때문이다. 이범진은 고종의 명으로 이들의 귀국을 논의한 것으로 보인다.

둘째, 이범진의 미국 행로는 이전의 주미공사와는 달랐다. 박정양의 경우 미국을 횡단하여 뉴욕으로 갔으나 이범진은 캐나다를 횡단

---

65 방선주, 앞의 논문, 447쪽,
66 오영섭, 앞의 논문, 2007, 123~125쪽.

한 후 몬트리올, 오타와를 거쳐 뉴욕에 도착하였다. 그가 왜 미국을 횡단하지 않고 캐나다를 거쳐 워싱턴에 갔는지는 알 수 없었다. 그런데 그는 거쳐 간 지역에 대해 시차, 요금 등을 상세하게 서술하고 있다. 이것은 그가 출국에 앞서 상당한 사전 준비를 하였음을 말해준다.

셋째, 을미사변으로 불만을 가진 조선 유학생으로 일본에서 미국으로 건너갔던 7명이 확인된다. 당시 일본 신문에는 임병구, 이범수, 김헌식, 안정식, 여병현, 이하영 등 6명을 거론했는데, 일본 측에서 미처 파악하지 못한 나머지 1명은 《미사일록》에 나와 있는 이희철이다. 그리고 이들 7명 중 임병구, 여병현, 이범수, 이하영 등 4명은 곧 미국을 떠나 유럽으로 갔음을 《미사일록》을 통해 알 수 있었다.

넷째, 1896~1897년 당시의 미국 상황, 그리고 이범진의 미국 인식을 확인할 수 있다. 이범진은 미국 역대 대통령 선거사상 가장 치열했던 1896년의 선거를 직접 경험했다. 그리고 이범진은 자신이 본 미국의 정치제도와 발전상, 추수감사절과 크리스마스의 의미, 미국의 음식문화에 대해 소상히 서술하였다. 이범진은 뉴욕·워싱턴을 직접 본 후에 미국의 발전에 대해 크게 고무되었다. 이범진은 미국을 '지치至治의 세상', '공리共理의 시기'라고 높이 평가했다. 그러면서 조선이 비록 작은 나라이지만 한마음으로 개화한다면 독립을 유지하고 미국과 같이 발전할 수 있다고 생각했다.

다섯째, 주미공사관의 열악한 재정은 이범진이 외교 활동을 펼치는 데 큰 부담이 되었음이 확인된다. 연회를 통해 이루어지는 외교 특성상 상호 호의를 베풀어야 하는 외교 관례는 이범진에게 심적으로 큰 부담을 주었다. 열악한 재정 상태로 인해 이범진은 다른 나라 공사가 주최하는 연회 참석을 매우 부담스러워 했으며, 따라서 이범진은 외교관 간의 친목 활동에 소극적이었다.

여섯째, 이범진의 아들 이위종의 미국 행적을 새로 확인하였다. 지금까지 이위종의 미국 생활에 대해서는 이범진이 워싱턴에서 근무하던 1896년부터 1900년까지 약 4년간 College of Janson de Lailly를 다녔다고 알려져 왔다. 그러나 《미사일록》에 의하면 이범진은 위종을 소학교에 보냈다고 한다. 따라서 당시 만 열 살이었던 이위종은 먼저 소학교 교육을 받은 후에 꼴라쥐College에 입학했던 것으로 보인다. 그리고 이범진은 대통령의 주최하는 외교 행사에 이위종을 대동하였는데, 이는 이위종의 성장과 향후 활동에 큰 영향을 주었을 것이다.

이상에서 살펴본 바와 같이 《미사일록》은 1896년 6월 20일부터 이듬해 1월 31일까지 비교적 단시일의 기록이지만, 이를 통해 몇 가지 새로운 사실을 확인할 수 있었다. 즉, 주미공사 이범진의 초기 활동, 당시 미국의 사정, 그리고 이범진의 인식 등을 살펴보는 데 유용한 자료라 하겠다. 아울러 여기서 다루지 못한 《미사일록》의 나머지 내용에 대해서는 차후의 과제로 남겨둔다.

— 참고문헌

국사편찬위원회 편, 《駐韓日本公使館記錄》 9~11, 국사편찬위원회, 1993~1996.

뮈텔, 《뮈텔 주교 일기》, 서울, 한국교회사연구소, 2008.

朴日槿, 《近代韓美外交史》, 서울, 博友社, 1968.

이민식, 《근대 한미관계연구》, 서울, 백산자료원, 1998.

이민원, 《명성황후 시해와 아관파천》, 서울, 국학자료원, 2002.

이범진, 《美槎日錄》, 단국대 소장 필사본, 연대 미상.

최웅·김봉중, 《미국의 역사》, 서울, 소나무, 1997.

韓哲昊, 《親美開化派硏究》, 서울, 국학자료원, 1998.

Alan Brinkley, 황혜성 외 역, 《미국인의 역사》(2), 서울, 비봉출판사, 1998.

James S. Gale, 張文平 역, 《코리언 스케치》, 서울, 범우사, 1979: James S. Gale, *KOREAN SKETCHES*, Fleming H. Revell Company, 1898.

강인구, 〈러시아 자료로 본 주러한국공사관과 이범진〉 《역사비평》 2001 겨울호, 서울: 역사비평사, 2001.

노대환, 〈민영익의 삶과 정치활동〉 《한국사상사학》 18, 서울: 한국사상사학회, 2002.

박보리스, 〈러시아에서의 이범진의 외교활동〉 《이범진의 생애와 항일민족운동》, 서울: 외교통상부, 2003.

박환, 〈이범진과 연해주지역의 한인민족운동〉 《이범진의 생애와 항일민족운동》, 서울: 외교통상부, 2003.

방선주, 〈서광범과 이범진〉 《최영희 교수 화갑기념 논총》, 서울: 탐구당, 1987.

오영섭, 〈을미사변 이전 이범진의 정치활동〉 《한국독립운동사연구》 25, 천안: 독립기념관 한국독립운동사연구소, 2005; 《한국근대사를 수놓은 인물들》(1), 서울: 경인문화사, 2007.

오영섭, 〈이위종의 생애와 독립운동〉 《헤이그특사와 한국독립운동》, 천안: 독립기념관 한국독립운동사연구소, 2007.

윤병희, 〈이범진·기종·위종 3부자의 가계 및 행적〉《이범진의 생애와 항일민족운동》, 서울: 외교통상부, 2003.
이민원, 〈아관파천과 이범진〉《이범진의 생애와 항일민족운동》, 서울: 외교통상부, 2003.
穆麟德夫人 編, 고병익 譯, 〈穆麟德의 手記〉, 《진단학보》 24, 서울: 진단학회, 1963.

찾아보기

【ㄹ】

【ㅁ】

【ㅂ】